修水文化旅游丛书

红色沃土

主编◎梁 红 冷春晓

江西高校出版社

图书在版编目(CIP)数据

红色沃土/梁红,冷春晓主编.--南昌:江西高校出版社,2021.11(2022.2重印)
(修水文化旅游丛书)
ISBN 978-7-5762-1621-9

Ⅰ.①红… Ⅱ.①梁… ②冷… Ⅲ.①革命史—修水县 Ⅳ.①K295.64

中国版本图书馆 CIP 数据核字(2021)第 135830 号

出 版 发 行	江西高校出版社
社　　　　址	江西省南昌市洪都北大道96号
总编室电话	(0791)88504319
销 售 电 话	(0791)88522516
网　　　　址	www.juacp.com
印　　　　刷	天津画中画印刷有限公司
经　　　　销	全国新华书店
开　　　　本	700mm×1000mm 1/16
印　　　　张	12.5
字　　　　数	175 千字
版　　　　次	2021 年 11 月第 1 版 2022 年 2 月第 2 次印刷
书　　　　号	ISBN 978-7-5762-1621-9
定　　　　价	48.00 元

赣版权登字-07-2021-883

版权所有　侵权必究

图书若有印装问题,请随时向本社印制部(0791-88513257)退换

编委会名单

主　　任 梁　红

副 主 任 罗贤华

编委会成员（按姓氏笔画排序）

丁洪阶　卢　婧　余昌清　余　睿

冷建三　冷春晓　罗贤华　周秋平

胡江林　梁　红　谢小明　詹谷丰

廖利方　戴逢红

△ 上衫中共湘鄂赣省委、省苏维埃政府旧址

△ 上衫中共湘鄂赣省委、省苏维埃政府旧址

△ 工农革命军第一军第一师第一团团部旧址

◁ 工农革命军第一军第一师师部旧址

△ 卢德铭警卫团第三营驻地旧址

△ 卢德铭警卫团和平江工农义勇队会合并召开联合攻打修水县城会议旧址

△ 秋收起义部队驻地和工农革命军第一军第一师军旗制作地旧址

△ 秋收起义崇阳通城农民自卫军驻地和罗荣桓同志旧居

△ 台庄会议旧址

△ 杨祠暴动旧址

△ 誓师大会遗址

△ 湘鄂赣省军区中路指挥部旧址

△ 抗日战争时期修水中心县委地下联络站旧址

△ 农工党陈列馆

△ 民盟基地

△ 团部旧址

序

梁　红

　　修水是生态家园，东南九岭蜿蜒，西北黄龙昂立，"山川深重，可供游览"。独特的丘陵地貌，养育了丰富的动植物，森林覆盖率近75%。植物中的"活化石"红豆杉群落星罗棋布，动物中的"大熊猫"中华秋沙鸭定期造访。

　　修水书院文化繁荣，自北宋黄庭坚始祖黄中理建樱桃、芝台书院后，历朝历代都有知名书院涌现，成为培养人才的摇篮。如杭口镇双井村的高峰书院，义宁镇的鳌峰书院、凤巘书院，路口乡的云溪书院，何市镇的流芳书院等，不一而足。重视书院教育尤以陈宝箴家族为典型，其先祖以客戚身份迁宁州，栖居野山深涧，生存条件恶劣，仍不忘教子读书，建仙源书屋；待条件改善，迁桃里竹塅后，陈宝箴亲建四觉草堂、鲲池义学，延师课读，惠及邻里乡亲。众多书院的崛起，让修水文风蔚起、人才辈出，成为一种地域文化现象。如杭口双井黄姓仅宋一朝出进士48人，其中黄庭坚诗开江西一派，书法自成一家；桃里竹塅陈家，陈宝箴首倡湖南新政，陈三立为"同光体"领袖，陈寅恪为史学泰斗等，陈家三代四人被《辞海》单列条目介绍，此等殊荣，放眼全国亦属凤毛麟角。

修水不但高雅文化绵延不绝,民俗文化亦丰富多彩。如源起于宋代宫廷的"全丰花灯",融灯、戏、舞于一体,诙谐幽默,广受观众喜爱;起于明朝初年的宁河戏,典雅端庄,唱腔独特;被省政府确定为"四绿一红"重点支持的宁红茶,制作工艺独特;石呈赭碧、雕刻工艺精细、被誉为砚中精品的赭砚,广播海内外。修水哨子、采茶戏、山歌、武术、十八番等,都广为流传,深受群众的喜爱。

修水是秋收起义策源地、爆发地,工农革命军第一支部队在修水组建,第一面军旗在修水设计、制作、升起,秋收起义第一枪在修水打响。革命战争年代,修水人民反压迫、求解放,牺牲的仁人志士达10万余人,在册烈士10338人。改革开放以来,修水人民继承先烈遗志,奋战在生产建设第一线,奋战在脱贫攻坚第一线,取得了社会进步、经济繁荣的可喜成绩。其中,文旅事业作为党和政府的一项重要工作进一步加强,文旅项目快速推进,文旅产业亮点纷呈,文旅融合日益紧密。县第十八次党代会进一步明确了强工兴旅的发展战略,提出要紧紧抓住创建国家全域旅游示范区契机,把修水打造成全省一流、全国一流的"环境优美、产品优质、品牌优秀、服务优良"的国家全域旅游示范县,为文旅融合树立了新的标杆。

文化是旅游的灵魂,旅游是文化的载体,习近平总书记指出:"历史和现实都表明,一个抛弃了或者背叛了自己历史文化的民族,不仅不可能发展起来,而且很可能上演一场历史悲剧。"①因此,县文旅局

---

① 新华网.习近平:在哲学社会科学工作座谈会上的讲话[EB/OL].(2016-05-18)[2021-10-18].http://www.xinhuanet.com//politics/2016-05/18/c_1118891128_3.htm.

决定全面梳理修水文化旅游资源,精心编辑出版《修水文化旅游丛书》。这项工作得到了县委、县政府的大力支持,主要领导在百忙之中抽出时间,就体例、题材、篇幅、文字、创意等均提出了具体要求;社会知名人士詹谷丰、戴逢红、冷建三、冷春晓、谢小明、冷伍敏、童辉满等人分别参与了丛书的撰稿、摄影等工作,在此一并表示衷心的感谢!因时间仓促,兼之水平有限,本丛书的不足之处一定不少,敬请广大读者批评指正!

是为序。

2021 年 10 月 18 日

前　言

　　文化旅游产业作为一种新兴产业,已全面融入国家战略体系,成为国民经济战略性支柱产业。为把我县建设成为旅游强县,配合我县创建省级全域旅游示范区,县文化广播影视出版局决定出版《修水文化旅游丛书》,本书作为其中的一本,主要是从红色文化的角度来宣传我县的旅游资源,力争为我县旅游事业尽微薄之力。

　　众所周知,修水是一片红色的热土,也是一块英雄辈出的土地,是湘鄂赣边界秋收起义的主要策源地,是工农革命军第一军第一师的组建地,是我军第一方面军旗设计、制作和率先升起的地方,是第一届湘鄂赣省苏维埃政府的诞生地和湘鄂赣省委、省苏区的驻扎地。我党我军老一辈无产阶级革命家彭德怀、罗荣桓、滕代远、何长工、谭政、萧克等开国元勋都曾在修水战斗、工作过。仅新民主主义革命时期,全县有10万余人为革命献出了宝贵生命,有4万余人参加红军,有名有姓的烈士为10338人,居全省第五位。修水的红色资源丰富,本书主要从红色景点、红色故事和红色文物三个方面撰写,把我县的红色文化与旅游资源结合起来,不求面面俱到,力求不重复,比如在红色景点中已涉及的,红色故事和红色文物尽量不再记述。本书可读性强,图文并茂,红色景点和红色故事全部用散文形式,红色文物用的是浅显的说明文形式,注重语言的生动性和故事的趣味性。此书不仅能有效地加大我县的红色旅游宣传力度,而且为全县中小学生提供了丰富的红色教育资料。

近年来,党和国家制定了一系列促进支持文化产业和旅游产业发展的政策措施,旅游具有创新引领性、协调带动性、开放互动性、环境友好性、共建共享性,与五大发展理念高度契合,呈现消费大众化、需求品质化、竞争国际化、发展全域化、产业现代化发展趋势。在文旅融合的大背景下,以文促旅、以旅彰文、和合共生,推进业态融合和产品融合,推进市场融合和服务融合,推动文化和旅游市场培育,实现统筹文化和旅游公共服务建设管理,文化旅游共生、主客资源共享,势在必行。我们希望本书能为我县旅游事业的发展起到一定的促进作用。同时县文广新旅局副局长罗贤华、原书记樊孝慈对此书进行了审阅,其他红色文化爱好者也提出了许多宝贵意见,在此一一致谢。

目录

红色景点

秋收起义修水纪念馆　/冷春晓　001

军旗制作于熊祠　/熊耐久　004

村史馆里忆乡愁　/谢小明　006

红色情思寄东港　/胡素娥　009

溪口红色包家庄　/冷春晓　012

秋访上衫遍地红　/匡冷剑　016

烽火连绵圣峰山　/王卫正　019

兄弟同是县书记　/卢大祥　023

太阳升起红满天　/冷春晓　025

将军井旁话农耕　/黄　金　028

抱爱医院抱大爱　/谷　风　030

白岭红色故事多　/杨光明　033

顺济亭里话风云　/王　科　036

十万英烈忠魂在　/胡珊瑚　038

秋收起义与渣津　/熊耐久　040

风雨同舟共荣辱　/谷　风　042

古艾风云黄泥湾　／全　红　045

参议会址说参议　／冷春晓　047

同心同行中国梦　／吴铭仁　050

高风犹唱霜秋树　／卢曙光　054

红色故事

军旗猎猎出修城　／傅之因　056

秋收起义在修水　／赖　毅　059

何参谋筹粮趣事　／李　平　062

军民破曹奏凯歌　／傅之因　066

自卫队长脱虎口　／徐冀野　069

少年英雄张如龙　／邵天柱　071

朱溪大捷　／吴　新　074

万祥区的由来　／刘烈根　077

母子昂首赴刑场　／余杰风　082

惩治腐败灭胞兄　／潘福新　086

杨队长智退白匪　／巢佳瑞　091

立体宣传海陆空　／潘福新　095

红色歌手破敌匪　／赖显生　100

鱼水情深军区桥　／涂福新　102

黄坊歼敌奏凯歌　／钟声波　107

钢筋铁骨破敌胆　／李宗裕　110

十二双军鞋表真情　／陈永久　113

花家五姊妹抗暴　／李　平　116

修水和平解放记　／张思盼　119

三块勋章一肩挑　／刘烈根　张　涛　122

袁大头币产生记　／樊孝慈　130

何须马革裹尸还　／程　勤　133

红色文物

烈士朱佑清用过的丝茅剑　／丁　苗　136

赣西北特别第二区委员会工农武装队派哨单　／修文志　138

1926 年江西省团委书记丁健亚烈士使用的墨盘　／修文志　139

1927 年湖南省革命民众敬赠的铜质奖章　／修文志　140

1927 年修水县全崇工会木质条印　／修文志　141

1927 年秋收起义部队使用过的碗　／修文志　142

1927 年修水县仁乡西尹农民协会印章　／修文志　143

1927 年修水三区三乡苏维埃政府条印　／修文志　144

靖林三溪坳烈士墓前石对联　／朱正平　145

1927 年修水县农民协会会员临时会证　／修文志　147

1927 年修水县第六乡第六支队一中队一分队袖章　／修文志　148

1930 年修水县第七区第三乡第一村苏维埃符号　／修文志　149

1930 年修水第四区第二乡苏主席匡少清使用的缠马刀柄布带
　　　　　　　　　　　　　　　　　　　　／修文志　150

1931 年修水县苏维埃三区三乡苏维埃会议记录　／修文志　152

陈秋光烈士使用过的木框青石练习板　／修文志　154

1931 年修水县立总合作总社纸币（铜圆钱）　／修文志　155

1931 年经邦区苏维埃主席杨贤礼烈士使用过的匕首　／修文志　157

修水县少年先锋队队长王振国烈士使用的小插子 /修文志 158

工农革命军第一军第一师副师长余贲民的望远镜 /丁 苗 159

《修水报》的前身：《红日》周刊 /冷秋繁 161

中华苏维埃共和国国家银行发行的银币 /修文志 163

湖南省工农兵苏维埃政府《婚姻法》布告 /冷秋繁 164

修水四区一乡苏维埃互救会公章 /修文志 166

1930年出版发行的《湖南省苏公报》第七期 /修文志 167

修水赤卫队队长周顺才烈士使用过的炸弹 /修文志 168

宣传抗战救国的《修江报》 /谢小明 169

古市瓷厂生产的"工农专政"青花瓷碗 /沈小萍 171

1933年中央军事委员会奖给郑伍祥的"红星章" /修文志 172

CCP误为"GGP"的党旗 /丁 苗 173

1928年修水三区三乡党支部公章 /修文志 175

革命烈士樊孝龙夫妇血染的婚姻证 /朱正平 176

1938年陆军新编第四军出征将士家属优待请求书 /修文志 178

红色景点

秋收起义修水纪念馆

冷春晓

秋收起义修水纪念馆景区包含秋收起义修水纪念馆和工农革命军第一军第一师师部驻地旧址和团部驻地旧址等景点，呈梯形排列。纪念馆和师部旧址为梯形底边，而团部旧址就是梯形的顶边，依次排列，错落有致，充分再现了秋收起义的场景，让秋收起义的精神丰碑立起来了……

顶着五月的骄阳，伴着五月的花香，首先，我来到坐落于修水县城凤凰山路136号秋收起义修水纪念馆。它属于秋收起义专题性纪念馆，总占地面积3000平方米，始建于1977年，2008年1月1日起正式免费对外开放。走进馆内，抬头看见熠熠生辉的"秋收起义修水纪念馆"九个大字，大楼正面顶部是铝合金制作的工农革命军第一军第一师军旗立体图案。纪念馆布局为二层，砖混结构，展馆一楼为序厅，二楼为展厅。1927年，毛泽东同志亲自组织和领导了湘赣边界秋收起义。修水是秋收起义的主要策源地，是秋收起义的部队——工农革命军第一军第一师的组建地和主力部队的集结地，是我党公开打出的第一面军旗设计、制作并率先升起的地方，是打响秋收起义第一枪的地方。目前，纪念馆有馆藏文物370件（套），其中国家一级文物7件，二级文物12件，三级文物58件。纪念馆主要包括展馆基本陈列和旧址复原陈列两部分。展馆的基本陈列分为危难中奋起、霹雳一声暴动、转兵井冈山和永远的光荣四个部分，着重展现秋收起义的历史背景、发生经过及其伟大的历史意义，采用了声、光、电等形式，

生动再现了秋收起义当时的场景。

仿佛秋收起义的炮声仍在耳边炸响,我从馆内走出,去朝拜驻地旧址。旧址复原陈列包括工农革命军第一军第一师师部驻地旧址及其所属第一团团部驻地旧址复原陈列。师部驻地旧址就紧贴在纪念馆正面的右旁,原为修水县商会会址。进入院内,向右边看,就见旧址大门上书"修水县商会",门旁"霹雳惊天地,军旗耀人寰"的对联闪闪发光。旧址坐北朝南,青瓦屋面、麻石门框,一进二幢,砖木结构,建筑面积350平方米,占地面积1200平方米,各种陈设齐全。1927年9月1日至4日,起义领导人在萍乡安源的张家湾召开军事会议,研究制定了湘赣边秋收起义行动计划。会议决定,将党所掌握的在湘赣边地区活动的革命武装5000余人,编为工农革命军第一军第一师,原国民革命军第二方面军总指挥部警卫团团长卢德铭任总指挥,警卫团副团长余洒度任师长,余贲民任副师长,钟文璋任参谋长。下辖第一、第二、第三、第四团,师部就驻在这个修水县商会。其间,师部参谋何长工、副官杨立三、参谋处长陈树华在此设计并制作了具有历史意义的工农革命军"镰刀斧头"军旗。师部领导人以及师直机关的参谋、副官、军需、军械、内务、兽医、被服、经理八大处都在此办公,馆内陈设齐全,当时火热的革命场景依然历历在目。

团部驻地旧址就在纪念馆正门对面,义宁镇凤凰山路61号(原凤巘书院),中间隔一街道,经过一个小停车场就到了。旧址占地5000平方米,始建于清同治三年(1864);分前、中、后三厅,前后两厅早已改建,尚存的中厅面阔15.3米、进深21米,建筑面积350平方米。据记载,1927年8月初,国民革命军第二方面军总指挥部警卫团奉命由武汉赴南昌参加起义。8月13日,团长卢德铭率部抵达奉新时,得悉南昌起义军已南下广东,遂改变行动计划,将部队开至铜鼓、修水一带休整待命。9月初,遵照前敌委员会指示,警卫团、平江工农义勇队和崇阳、通城农民自卫军共计2000余人,在修水组成工农革命军第一军第一师第一团,钟文璋任团长,彭商仁任党代表,第一团系湘赣边秋收起义主力部队。起义爆发后,全团指战员高喊"红色领带系在颈,只顾死来不顾生"的口号,从修水县城紫花墩(现修水散原中学)出发,进攻平江长寿街之敌地方武装。当先头部队刚同长寿街之敌接触,主力进到金坪时,突遭前不久由余洒度收编的土匪武装从后方来的袭击,被打散两个营,损失人与枪各200余,团长钟文璋失踪……余部跟随毛泽东进军井冈山,后成为工农革命军第四军中坚力量。师部和团部这两个旧址1986年6月被列为修水县文物保护单位;2006年6月,被列为全国重点文物保护单位。

一馆两旧址,历史再现地。自建馆以来,秋收起义修水纪念馆景区共接待观众数百万人次,以纪念馆为核心的区域获得多项荣誉。2001年6月该馆被中共中央宣传部授予"全国爱国主义教育示范基地";2004年10月,秋收起义修水策源地被评选为百姓心中的"江西十大红色景点"之一;2005年,修水县秋收起义纪念地系列景点被国家发改委、中宣部等13个部门评为"全国红色旅游经典景区";2007年4月,秋收起义修水纪念馆被江西省人民政府授予"国防教育基地"。2009年5月,秋收起义修水纪念馆被国家文物局公布为三级博物馆,11月被国防部授予首批"国家级国防教育基地"称号,2010年7月被列为中国井冈山干部学院"现场教学点"。2017年9月,经过改版提升后的秋收起义修水纪念馆以其优越的地理位置,厚重的历史文化底蕴,庄严肃穆而典雅的展览,成为广大观众特别是青少年进行爱国主义和革命传统教育以及国防教育的示范基地。

秋收起义的勇士用血肉之躯,为我们树起了一块反抗压迫、振兴中华的丰碑,在这里我们又把这块丰碑擦亮,让它照亮今天前行的路。从湘赣边界秋收起义到井冈山创建革命根据地,中国革命形势发生了翻天覆地的变化,从此逐步走向了从农村包围城市的道路。我到过萍乡市的秋收起义广场,也到过铜鼓的秋收起义纪念馆,唯有到了一馆两旧址的秋收起义主要策源地,才真切地感受到当时革命之艰难和今天幸福生活之不容易。我们只有到这些红色景区去走走、看看、想想,才会更加珍惜现在、拥抱当今、向往未来!

军旗制作于熊祠

熊耐久

1927年9月上旬,在湘赣边的秋收起义首先在修水、铜鼓、萍乡爆发,以毛泽东为前敌委员会书记,卢德铭为秋收起义总指挥的工农革命军第一军第一师正式在修水成立。师部就驻扎在修水县城商会里,师长余洒度、副师长余贲民等师部领导及师部所属参谋、副官、军需、军械、医务等处均在商会办公。起义前夕,师部决定要打出工农革命军第一军第一师的旗号。师长余洒度把设计工农革命军军旗样式的任务交给师部参谋处长陈树华。他接受设计军旗样式的命令后,立即找到何长工、杨立三共同商量设计,经过三人研究,图案几经修改,终于设计出工农革命军第一军第一师军旗样式。旗幅为红色,象征无产阶级革命。中央为白色五角星,象征中国共产党领导。星内镶嵌交叉的黑色镰刀斧头,表示工农大众紧密团结。旗幅左侧有一条套旗杆的白布涵管,上面竖写"工农革命军第一军第一师"。整面军旗的含义为工农革命军第一军第一师是中国共产党领导下的工农革命武装。同时,设计出领章、领带、袖章、印章等样式。于是将任务交给裁缝出身的班长张令彬和修水总工会委员长徐光华,他们带人购买布匹,商店老板又捐送了一些红布。徐光华从县城内请来了梁幼陶、朱菊英等十几名裁缝师傅和会针线的妇女。几十个人加工制作军旗,需要一个比较宽敞的地方,便于加工管理,于是选择团部附近的熊氏韶公总祠,集中加工。

修水县城熊氏宗祠,坐落在城区闹市中心,时称"熊家祠堂一枝花",是江陵堂熊氏七十三世祖韶公后裔清雅、亨泰、荣公三十六支族亲鼎力合建的总祠。清乾隆六十年(1795)乙卯,熊氏族人着手购买县治北隅铁炉巷周家井陈氏旧址,计正屋上下两重十四间,东西横屋十间和门楼一所。北止本祠围墙外滴水齐魏祠地坪为界,南抵邱祠后大路为界,东抵林祠,西抵秀水沟为界。嘉庆十年(1805)整顿祠容,熊氏宗祠更加庄重美观。拾级而上,一进三重,堂中48只石柱林立,左列客厅数椽,右翼横厅四座,前竖牌坊,嵌有"雨钱第""熊氏宗祠"匾额,是修水县熊韶公后裔公共祠产。当时并有田租70余亩,分布于高乡黄田里、津头架上、泰乡五都箬溪等地,以租费供祠宇香火、管理、奖学和族亲活动开支。熊韶公总祠占地2000余平方米,规模宏伟,秋收起义部队驻扎县城商会,即选择师部附近且比较宽敞的熊祠厅堂制作军旗,这是个很理想的地方。于是几十个人日夜加班,集中精力,很快赶制出100面军旗和大批领章、领带、绑带、袖章等。9月9日拂晓,起义部队1000多人在紫花墩集合开会,高举军旗,佩带袖章、领带,正式举行了起义。起义部队浩浩荡荡朝修水西部渣津至平江方向出发,打响了秋收起义第一枪。

熊氏宗祠,20世纪50年代由县粮食局占用办公,20世纪70年代,因城建拆毁了大部分建筑,现仍保留有300多平方米原老祠堂建筑,2018年经古城改造进行维修整理,2019年3月被列为省级文物保护单位。祠堂是供奉祖先和祭祀的场所,是我国儒家传统文化的象征,一般分布于较重视儒家传统文化的地区,如广东、江西、福建、浙江等南方省份。宗祠体现宗、法、制、家、国一体的特征,是凝聚民族团结的场所,是城乡中规模最宏伟、装饰最华丽的建筑群体,不但巍峨壮观,而且注入中华传统文化的精华,成为地方上独特的人文景观。宗祠记录着家族的辉煌与传统,是家族的圣殿。

但是,熊氏宗祠与众不同,因为是工农革命军第一军第一师军旗制作的地方,因而就有了特殊的意义,成为人们心中的圣地,走进宗祠,你会自然产生一种崇高之感,产生一种信仰的力量,有一种"不忘初心、牢记使命"的自觉,真不愧为"熊家祠堂一枝花"!

村史馆里忆乡愁

谢小明

乡愁,是一种思乡的情结。有人望月而吟是乡愁,有人眺望远山是乡愁,有人返乡创业是乡愁,有人落叶归根是乡愁,余光中的《船票》,也是乡愁。

然而在我的心中,黄沙镇彭桥村村史馆,不仅勾起儿时的记忆,更是对乡愁最好的注解。2020年4月17日,我随同党史办参加了"修水县改革开放简史资料征集彭桥座谈会",有幸参观了"彭桥村史馆""彭桥战役纪念馆",了解了彭桥村的发展历史和现状。

彭桥村地处黄沙镇北端,距县城仅10公里。彭桥村下辖17个村民小组,共有村民412户、1719人。该村历史悠久、文化厚重、民风淳朴,山环水绕、土地肥沃、交通便利。全村主要有富硒稻米、龙虾养殖、木榨油茶、野花蜂蜜、鲜蔬林果等种养产业,以及抗战文化园、村史馆、农家乐、中华秋沙鸭栖息地、十里桐花谷等景区景点。

据了解,彭桥村史馆是省委宣传部、省文明办公布的第六批省级村史馆之一,是修水党史教育基地、抗战纪念教育基地。2019年1月村史馆开馆以来接待游客近万人,主要有本县中小学师生、黄港黄沙镇各村党员干部,上海、九江、德安、永修、湖南和县城游客等。

村史馆里那木犁木耙、蓑衣斗笠、箩筐簸箕、风车笼磨、锈蚀的弹壳等,一件件陈旧的生产生活用具、援军抗倭物件承载着乡土记忆,一段段文字、一张张照片,无不讲述着彭桥村的历史变迁过程,展现着乡土文化和民俗风情的独特底蕴,反映着当地群众艰苦创业、敢为人先和全民抗日、拥军慰劳的光辉历程。

村史馆记录着新石器晚期的原始农耕、宋代驿站的邮递第三铺、抗日战场的彭桥战斗、《永乐大典》编修廉官石彦诚寝地、客家茶乡宁州红茶的发祥地之一、栽蓝染布的护仙源、下放知青的第二故乡、修水农村改革先行者等创史建业的艰辛历程,定格住一幅幅奋斗进取的全景图。这里是告别贫困、记住艰辛的见证,更是承载"乡愁"的地方。

在村史馆参观,最让你难忘的是两大历史事件。其中的一个重要历史事件是彭桥战斗。

彭桥战斗是第一次长沙会战中,国民革命军阻击106师团西进长沙的一次外围战斗,范围涉及县城东南的黄沙、黄港、黄坳、何市、上奉等处,是抗战时期发生在修水的最大战斗。1939年秋,冈村宁次调遣日军,分三路进攻长沙。其东面106师团和佐枝支队,来势凶猛,我国民革命军设在高安的三道防线均被突破。薛岳将军命所部,采取逐步抵抗、伺机转进、诱敌深入、两翼伏击的战略战术,将敌军分割包围在九岭山之靖安、奉新、铜鼓、修水一带。9月27日(中秋夜),战场迅速转移到彭桥、黄土桥附近庙垅头,106师团主力占领寨子里山头,企图突破庙垅头。国民革命军30集团军新15师师长傅翼率部亲临将军山防守,在虎形、将军山、庙垅头、风车扭、曹家、大排里等处与日军进行英勇战斗,给日军迎头痛击,日军遭遇重创,被迫退至大排里一带。28日日军溃退至黄沙桥。王陵基致军委会密电中称:"窜修水之敌千余人,于28日与我新15师之四五团在黄沙桥接触,激战终日,拒止敌人西窜,俭、艳(28、29)二日,经我新15师全部及新16师四八团围击,已将该敌击溃,主力退据黄花尖、海湖山、大坂尖高地顽抗,一部向高丽、何家咀方向窜去,已被我四四团刘营截击它窜。"

彭桥人民积极支援抗日官兵,殷厚莲等数十名妇女,将一担担的蔬菜送至抗日官兵的军营,男人有的参加担架队,有的挖战壕。我军民团结一致,保护修水,支援长沙。这是一段悲壮的历史,一曲民族救亡的凯歌。

另外一件事是让人记忆犹新的农村改革。

1979年2月,我县开始推行"四定三包一奖赔"的农村农业改革,驻点干部徐世富以"瞒上"的方式,组织当时的新星大队(今彭桥村柘源自然村)8个生产小队的103户农民签订"包干到户"合同,将土地承包到户,实行"明组暗户"的包产到户制,成为修水改革开放的先行者和检讨者、经验介绍人。从此,新星大队的农民摆脱了饥饿和困苦。

"四定三包一奖赔"的改革精神,只要求各生产小队分成2~3个作业组,实行"包工定额计酬,专业承包联产计酬"的生产责任制。《农村人民公社工作条例》明确规定:"不许包产到户,不许分田单干。"就在这种政策矛盾的关键时候,徐世富得到了消息:被誉为"中国农村改革第一村"的安徽省凤阳县小岗村18户农民采取瞒上不瞒下的方法,签订"大包干"契约将土地承包到了户。3月,他又得到了消息:原国家农委党组在《关于农村工作问题座谈会纪要》中明确指出:"深山、偏僻地区的独门独户,实行包产到户,也应当许可。"于是,徐世富在大队革委会上就大胆提出包产到户的做法。通过大队、小队、户主、社员的层层征求意见会议,由社员提出方案将土地包产到户,对上对外宣称包工到组,实际包产到户,保证绝对保密,完成上缴任务。就这样,"明组暗户"的农业生产包干制悄悄开始了。原来每天赚不到6分钱报酬、每年人均不到300斤口粮的农民生产积极性高涨。毕竟纸包不住火,几个月后,"明组暗户"的承包制传到了县、区、社领导耳朵,徐世富被推到了浪尖,在县、区、社大会做检讨受批评。三个月后,邓小平肯定了安徽农村改革,原国家农委的"至于极少数集体经营长期办得很不好,群众生活很困难的,自发包产到户的,应当热情帮助搞好生产,积极开导他们……"及中共中央在《关于进一步加强和完善农业生产责任制的几个问题》中规定"在边远山区和贫困落后地区,集体经济长期搞不好的生产队,群众要求包产到户的,应当支持,也可以包干到户"等指示精神传达下来了。徐世富又成了大红人,在全县全社干部会上介绍包产到户的经验,此后,家庭联产承包责任制在全县迅速推广。1984年新星大队更名柘源村,1996年并入彭桥村,该村走在我县农村改革的前列。

　　村史馆集"存史、资政、育人"等功能于一体,以文字镌留念想,以图片浓缩进程,群众在这座连接着过去与现代的"记忆之桥"上找到了家乡的气息,从而激发出建设家乡的热情和向往美好生活、奋斗改变贫困面貌的积极性。如今,馆内古色古香,朴素端庄。馆外村容村貌整洁,自然生态优美,人居环境美丽,农业产业兴旺,人民生活富裕。

　　村庄曾经的历史会让我们感知复兴的使命,村庄的过去辛酸能激发我们奋进的勇气。随着村史馆的兴建,人们一定会把奋进的村风、淳朴的民风、良好的家风一代代传承下去,留住乡愁,铭记历史,创造未来……

红色情思寄东港

胡素娥

"山不在高,有仙则名。水不在深,有龙则灵。"地处修水边远山区的东港乡正应了这句古语,一个小地方,名声在外扬,这个红色老苏区,90年前革命浪潮汹涌,该乡的台庄村在当时一度享有中国的"小莫斯科"之称。

在修水县,有东港也有西港,东西两港,一乡一镇,一东一西,截然不同。东港可说是地广人稀,面积130多平方公里,人口只有12000多人,是个有很多历史遗迹的红色苏区乡,离县城60多公里。因交通不便,我多次想亲身体会红色教育,一直未能如愿……翻开修水革命史,展示出东港乡重要的历史地位。土地革命时期,东港乡是秋收起义总指挥卢德铭率部休整地,是修水县第一块革命根据地,是修水县苏区第一区区委、区苏维埃政府驻地,是中共修水临时县委诞生地,是湘鄂赣苏区早期革命活动中心,是红五军整编暨移师井冈山首发地,是中共湘鄂赣边特委和红五军军部驻地,是湘鄂赣省委省苏和湘鄂赣苏区主力红军重要活动地,是湘鄂赣省军区中路指挥部诞生地,是南方红军三年游击战争时期平江、修水、铜鼓等革命根据地的中心。彭德怀、滕代远、黄公略等共和国将帅、革命家,均在东港乡战斗过,走进东港,到处可以看到当年革命的红色印迹。

金秋十月,硕果飘香。多日阴雨连绵后,突遇一个阳光灿烂的好天气,10月15日修水山谷诗社"红星照耀东港"重阳诗会正好在东港举行,我应邀前往,这也正是我了却接受红色教育心愿的好机会。一大早,我们100多人驱车前往,汽车经过山高林密、地势险要的山地后,首先来到一座断墙残檐、破败不堪的老屋前,这就是东港乡东港村西源徐骆乐屋。1927年秋收起义爆发后,工农革命军第一军第一师师部及所属一、四团向平江进发,但在金坪战斗中,因第四团邱国轩部反戈,一团遭到失败,总指挥卢德铭、师长余洒度、副师长余贲民立即收拢部队退至修水境内的东港,部队驻扎于此。秋收起义部队在这里播撒下革命的火种,此后这里又是巩固的苏区,从1931年至1932年期间,湘鄂赣红军第一医院即驻扎于此,在这里救治了大量的红十六军和修水地方武装的伤员。该屋建于清道光二十六年(1846),占地面积约1400平方米,建筑面积960平方米,属砖木结构,保存较为完好。旧址墙壁上仍保存有当年部队书写的革命标语:"工农兵暴动起来,打倒土豪劣绅——工农革命军第一军一师一团。"它见证了那一段光辉的历史,这是全国仅剩不多的秋收起义部队所书标语及落款遗迹。这里也被誉为中国含金量最高的标语墙,2018年3月9日被省公布为重点保护单位。这条古老的标语,与新书写的"老前辈打江山功垂当代,当代人卫祖国继往开来"的标语交相辉映,站在这里,我仿佛看到当年贫苦农民举着镰刀斧头参加暴动的情景,也犹如听到红军医院伤残将士不屈的怒吼声……

沿着新修的山路前行,我们来到了中共湘鄂赣边特委与红五军党委联席会议旧址(张氏宗祠),这里已被列为江西省文物保护单位。迎面而来的"红五军整编暨移师井冈山出发地——台庄"的红色雕塑,显示了当地在当时的重要历史地位。我耳边仿佛传来当时苏区曾流传着的歌谣:"彭德怀,到我乡,打开豪绅大谷仓。穷人吃饱闹革命,红军吃饱打胜仗。"

我们走进重新装修了的台庄会议旧址——张氏宗祠,该旧址建筑面积约600平方米,于1959年、1994年县委县人民政府先后立牌纪念,2007年9月27日被公布为县级文物保护单位。我们在这里看到了彭德怀、滕代远、黄公略等先烈的遗物,也看到了当年湘鄂赣边特委办公室的简陋,我们能想象到当时斗争的艰辛;在国民党反动派血洗台庄九次后仅存的两个石门框前沉思,我们能想象到当时革命的残酷;在牵狗岭战役遗址处驻足,我们能想象到当时战斗的惨烈;在台庄革命烈士纪念碑前献花默哀,我们能想象到烈士参加革命时的义无反顾。据不完全统计,东港全乡死难人数在2500人以上,登记在册的革命烈士共有718人。听说靖林村的平家荒还有大革命时期的印钞厂,可见当时这里革命战火之旺,站在这块红色的土地上,看到这一处处红色印迹,更激起我探寻当年战斗历史伟绩的欲望。

1927年9月9日,湘赣边秋收起义在修水县城率先爆发,受挫后秋收起义

总指挥卢德铭率师部和第一团,从平江折回农运工作基础好的修水东港的台庄、三溪坳一带,聚集失散部队休整待命。后接前委书记毛泽东指示,卢德铭率部从台庄、三溪坳经铜鼓排埠到浏阳文家市与毛泽东会合,踏上创建井冈山革命根据地的征途。1928年10月29日,滕代远抓紧短暂休整时间,在台庄张氏宗祠主持召开了平(江)、浏(阳)、修(水)、铜(鼓)、武(宁)等县党的负责人和红五军党委联席会议,会议决定整编红五军,强化其工农成分。1929年3月,李宗白、王首道等湘鄂赣边特委领导根据中共湖南省委指示,在修水台庄召集平江、浏阳、修水、铜鼓、万载等县党组织负责人开会,成立了湘鄂赣边境暴动委员会,并决定4月12日在平江召开中共湘鄂赣特委扩大会议,健全湘鄂赣边境特委领导机构。这第二次台庄会议,为加强和统一湘鄂赣边区的革命斗争起了重要的作用。

在当地干部的讲解下,我们又到了台庄村千家岭烈士墓。1928年10月,台庄会议后,根据特委常委会决定,在台庄对红五军进行整编,将红五军与平、浏、修、铜赤卫队混编成10个大队和一个军直大队。1928年11月19日,湘鄂赣三省国民党军发动了对红五军的再次围剿,号称"三省会剿"。国民党18师54旅108团赵育庠在漫江莫雪梅的保安团配合下,进攻红五军驻地台庄,红五军在台庄千家岭与敌激战,激战半日,歼敌100余名,我方牺牲大队长以下士兵30余名。战斗中,我方闻讯,湘鄂赣边界敌军已向台庄靠拢,为保存力量,彭德怀、滕代远果断决定撤出战斗,向平江黄金洞转移。1952年县委在千家岭修建烈士墓,纪念在这次战斗和以后牺牲的烈士。烈士墓庄严肃穆,周边松柏长青,我们在这里静静默哀,愿烈士含笑于九泉之下……

东港台庄,这样的一个小山村,只能算是一个弹丸之地,就这样与中国革命的历史命运联系在一起,与我们现在的幸福生活联系在一块,说神奇也好,说必然也行,但强大和谐的新中国正是在这神奇和必然中变得越来越富强。每想起这些,我感慨万千,在诗会上,我油然吟出了这样的诗句:"山清水秀东渡港,绿色苏区红色旺。土地革命有黄荆,秋收暴动在台庄。三省特委湘鄂赣,五军整编快狠强。红军医院遗迹在,印钞工厂平家荒。先烈伟绩当记起,建设东港好家乡。"是啊,我相信,东港的红色精神将会一代代传承……

溪口红色包家庄

冷春晓

初春的一天,久违的阳光洒满大地,温暖和煦;金灿灿的油菜花铺满田野,清香扑鼻。为规划设计溪口镇包家庄村红色旅游,我来到这个充满传奇色彩的村庄,为这里的红色基因所感染,情不自禁地挥笔书写这红色的历史……

红土地上祭英魂

包家庄村离县城约40公里,沿着茅界公路到达溪口集镇后,西转大椿方向,行车不到10分钟,我就来到了位于包家庄村的溪口烈士陵园。陵园坐北向南,布局严谨合理,建筑风格别致。全园由纪念广场、纪念碑文、气洞惨案烈士墓、烈士公墓、纪念亭等几部分组成。这里安葬着烈士的遗骨或骨灰,烈士碑文镌刻了全镇395位烈士的英名。园内庄严肃穆,绿树成荫,风景石刻"人民英雄永垂不朽"八个大字,在日照下熠熠生辉,还刻有一副长联"四百英烈长眠大地青山肃穆,三万人民常忆忠魂热血沸腾",告诉我们:这里有英雄的人民,这里是红色的土地……

惨绝人寰的"气洞惨案"发生地就在这里。在惨案遗址的洞口建有六角纪念亭,洞口一米见方,口小内大,深不可测,可惜不能深入洞中探究。据史料记载,1931年11月18日,驻扎溪口的反动地主武装河北保安团300余人,为配合国民党军队发动的第三次"围剿",趁主力红军远离苏区之机,突然袭击陈坊苏区,逢人便杀,见屋就烧。县苏第九区第四乡先锋连第二班班长黄保昌、赤卫队队长叶向春率领赤卫队队员与敌人展开了激烈的战斗,终因寡不敌众,带领100余名群众,退守到可容纳千余人的气洞。敌人对洞内赤卫队队员软硬兼施均无济于事,便将干柴、地箕、箩篓和干辣椒等物品堆放在洞口,点火塞入洞内,并用4架风车对着洞口猛扇12小时左右,洞中赤卫队队员及革命群众绝大部分遇难。第二天,县苏第九区游击队从鄂东南闻讯赶来,将敌击溃,并把受难群众和赤卫队队员抬出气洞。受难者一个个被熏得七窍出血,眼珠和舌头都掉了出来。这次惨案共有 133 人遇难,其中绝户有 48 户,最多的一户有 15 人遇难,只有 3 人被抢救生还。这就是 90 年前震惊湘鄂赣苏区的"气洞惨案"。

先烈已去,忠魂犹存。如果不身临其境探究,无法设想当时的惨烈,难以理解烈士的斗志!

红军洞里铸兵器

离开烈士陵园,我心潮起伏,步行一公里余,就到了红军洞旧址。红军洞是一个溪岸峭壁下的石灰岩溶洞,占地约 200 平方米,四周树木茂密,洞口十分隐蔽,不仅洞两旁有出口,洞口之上还有出口,进退可守,易守难攻。洞中迂回曲折且又宽敞,躲避其中,外人根本无法察觉。

红军洞原名担石溶洞,因曾建有湘鄂赣苏区最早的兵工厂之一,于是被改名为红军洞。现在的包家庄村先后属修水县苏第九区(大椿区)第四乡(陈坊乡),归修武崇通游击区管辖。修武崇通这块根据地,一直坚持到国共第二次合作。为保障武装红军的需要,壮大苏区武装,县苏第九区和红三军在红军洞建立了兵工厂。赤卫大队利用这天然的场所,组织当地铁匠,在洞中架起铁锅熬硝,筑起火炉打铁,办起临时兵工厂,制造梭镖、大刀、鸟铳、土炮、手雷等兵器。县苏第九区第四乡先锋连驻扎在兵工厂一公里外的"吴三峰祠",对兵工厂予以保护,成为名副其实的"红军洞"。

步出洞口,豁然开朗,眼前是金黄色的油菜花,抬头远望,蓝天白云,在对面树木葱茏的高山之间,就是著名的"飞虎队"飞机坠落之处。据记载,1943 年 8 月 24 日,一架"飞虎队"飞机与一架日军飞机在修水县渣津上空对决,日军飞机坠毁在修水县上衫乡同升村四组芭蕉坑飞机窝(该地因此得名),其驾乘员当场毙命,"飞虎队"飞机严重受损,最后缓慢坠落在这深山老林中,"飞虎队"驾乘员跳伞降落,造成两伤一亡。后来驻守修水的国民革命军 30 集团军新 13 师赶往事发地点进行救援,组织人员将飞机散件运送到渣津镇莲花村匡氏宗祠周边房屋存放。在修水县这样一个山旮旯里,有着这样一个精彩的抗战故事,这是

第二次世界大战期间世界反法西斯联盟的生动见证,我们不应当忘记!

红色家书耀千秋

收回思绪,移步换景,一块"红军驿站"的指示路牌吸引着我。红军驿站位于包家庄村珠珑自然村,是老红军刘克之的儿子——刘小平为完成父亲的遗愿,用节俭下来的退休工资40多万元,同溪口镇党委政府共同建设的。整个驿站分三层,依次展示修水籍老红军事迹、优良红色家风及红色讲堂。在红军驿站前方有一个小广场,建有石刻"红色家书",是刘克之写给儿女们的家书。家书内容如下:"你们要牢记自己是红军的后代,要继承发扬革命传统,要与人为善,不可张狂。努力学习真本事报效国家,决不可打着父母的招牌,托关系找门路去追求名利。那样做是可耻的,也是最不孝的。希望你们谦虚谨慎,自食其力,流自己的汗,吃自己的饭。要清清白白夹着尾巴做人,成为普通老百姓中的一员。要知道你们的根在修水,有能力一定要回报家乡,因为那里是老区,有数万人民为中国革命奉献了自己的生命,为新中国的建立做出了巨大的贡献。要坚信马列主义,听毛主席的话,跟共产党走!"谆谆教诲,如言在耳,不仅给了他子女以深刻的教育,而且为我们留下了宝贵的财富。

家书抵万金,这虽是和平时期的书信,但给子女和后人以人生的启迪。刘克之是经过了二万五千里长征的老红军,其妻贾克是1936年参加革命的老干部。1945年10月,日本投降后,他随抗日军政大学转战东北黑龙江省北安县。抗大后来改名为东北军政大学,他任供给部副政委。由于百团大战时头部负伤(新中国成立后仪器检查出脑颅内有碎弹片压迫脑神经),为了不影响革命工作他决定辞去领导职务,要求去基层当个保管员,他向当时的军政大学代校长何长工写辞职报告。在他的多次请求下,组织上将他安排在黑龙江省军区教导大队任大队长,"自降三级职务",这在今天看来是难以理解的,但他认为很正常,这就是一个老红军的情怀。

家风严谨,言传身教,成为子女榜样。2012年4月28日,他儿子刘小平遵照其父亲的遗愿,带领家属将父母的骨灰从辽宁护送回修水,安葬在此。他当时还向包家庄小学捐赠了20000元,用以帮助贫困学生。2015年他在墓园旁修建了其父母的生平陈列室,2018年又建成红军驿站。刘小平因此被评为"九江网事·感动2018"十大年度网络人物。红军驿站现已成为辽宁大学广播影视学院红色创作基地,渤海大学新闻与传播学院红色创作基地,县委党史办、溪口镇党委的党史教育基地,也是修水县进行革命传统教育的重要基地。

现在,红色旅游已成为人们学习休闲的热点,包家庄村作为当时著名的苏区,蕴含着丰富的红色资源。修水县准备在这里打造党史文化景区,这些红色因素无疑将成为重要的看点,我们期待着一个崭新的红色包家庄展现在大家的面前……

秋访上衫遍地红

匡冷剑

秋是收获的季节，红是季节的主色。初秋之时，我欲访红，想收获红，想拥有红。

细寻慢找，我发现江西省修水县的上衫乡，是个好去处，那可是红色首府——中共湘鄂赣省委、省苏旧址，你不必去看"映日荷花别样红"的遍地红莲，也无须仰望"霜叶红于二月花"的满山红枫，单是注意这些红色的地名——红军医院、红军食堂、红军石公园、红色总工会旧址、党建红色教育基地，以及镶嵌在山间的"苏区首府、红色上衫"八个鲜红的大字，还有道路两旁插遍的红旗，足以让你红遍眼前，映在心里。

访红的日子说来就来。这天，我校党支部组织全校教职工开展"传承修水红色文化，重塑革命理想信念"活动，在一路红歌声中，我们来到了上衫乡，过了一把红军瘾，全部换上红军服，戴着红军帽，足穿红军鞋，在红旗下我们合影留念，心中回想着当年的红色故事。1931年国民党的军队正组织对苏区进行围剿，中共湘鄂赣省委机关驻地湖南的浏阳成为国民党军队围剿的重点之一，为此，湘鄂赣省委机关迁驻平江。1931年9月，湘鄂赣边县第一次工农兵代表大会在平江长寿街召开，其间遭国民党军队飞机的轰炸，大会转移到修水上衫继续召开，在上衫成立第一届工农兵苏维埃政府，由赖汝樵任主席，刘建中任副主席。1932年3月，根据湘鄂赣省委第三次执委扩大会议关于"以修、铜、万为中心根据地，积极向东南发展计划"，同时考虑到现驻地修水上衫与中央苏区相隔较远，不便联系和不便指挥铜、万等县，决定将省委省苏机关迁出修水，向万载小源转移。4月中旬，省委、省苏机关开始经靖林、黄荆坑、幽居、浏阳东门、白沙、石鼓山等地向万载转移，随后，其他各机关也陆续迁出上衫。湘鄂赣省委、省苏及其机关从1931年9月迁入，至1932年4月迁出，在修水上衫驻扎约8个月时间。

位于上衫的湘鄂赣苏区首府景区,因其深远的历史意义和对中国革命所做出的贡献,因老一辈无产阶级革命家彭德怀、滕代远、傅秋涛、赖汝樵等领导人的影响力,吸引了千千万万游客慕名而来。景区功能区分为旧址群(宫选大屋苏区首府旧址群及群团组织机构旧址群)、烈士陵园、教育基地(党建、团建教育室和干部培训学校)、红色演艺中心、红军广场、博物馆、红军街、荷花池、红色教育拓展区和来源岭战役遗址及真人 GS 野战基地等等。景区被定为国家 AAA 级景区,有省重点文物保护单位 9 处,被定为九江市党建教育基地、青少年爱国主义教育基地、青少年研学旅行基地。湘鄂赣苏区首府景区已成为后人敬仰的红色圣地,成为红色基因传承、爱国主义教育、党建教育、研学旅行的重要基地。

沿着红军挑粮小道,阅过红色文化长廊,我们来到了中共湘鄂赣省委、省苏旧址——装修一新的宫选大屋。它始建于清咸丰年间,坐北朝南,青砖黛瓦,古朴庄严,保存完善,建筑群占地 3252 平方米、三重二厅八井、左右侧房、上下两层砖木结构,共有房屋 50 余间。我们摸一摸当年破旧的战斗武器,看一看当初简单的办公条件,读一读先辈英勇的革命故事,觉得今天的幸福生活来之不易,先辈的鲜血没有白流。"热血红心事竟成,人民解放留功名,诸君已去硝烟尽,百姓常思滴水情……"徐笑平先生的《湘鄂赣苏区首府行》的诗道出了我们的心声,于是,我们全体共产党员,既有年近八旬的老校长,也有不足三十岁的青年干部,面向革命旧址,面对鲜红党旗,我们重温入党誓词"我志愿加入中国共产党……",响亮的誓言冲上云霄,惊起一行雁阵止翅徘徊……

经过红军石公园,漫步在荷香扑鼻的田间小道上,我们高举党旗,来到庄严肃穆的烈士陵园,我们默默念着当地 643 名烈士的名字,心潮起伏,热血沸腾。我们只能面对纪念碑,一起三鞠躬,表达我们对烈士的敬意。诗人匡全华先生在此凭吊后,写出的《烈士墓前凭吊有感》道出了大家的心声:"手捧鲜花祭忠魂,忆昔硝烟满乾坤。洒血抛头为正义,擎旗舞剑斩鹏鲲。丢儿弃女心甘愿,保国安民胆最纯。野草长年当美味,流星累月作灯源。林深露冷无衾被,冰雪风暴有赤诚。奋斗终生成烈士,英名不朽荐轩辕。"

在红色的熏陶下,我们沉浸在红色故事中,心情久久不能平静,最后我们来到了红军食堂,吃了一顿地道的红军餐。红米饭、南瓜汤,这是必不可少的,想必当年的红军饭绝不会有今天这样丰盛,一首熟悉的歌谣从远处传来,"红米饭那个南瓜汤哟咳罗咳,挖野菜那个也当粮罗咳罗咳,毛委员和我们在一起罗咳罗咳,餐餐味道香味道香罗咳罗咳",歌声把我们带到了遥远的过去。

烽火连绵圣峰山

王卫正

圣峰山乃幕阜山余脉，地跨水源、大桥两乡镇，离县城百余里，山势蔚然，林森木秀，海拔七百多米，呈南北走向，三面陡峭，大白公路从山脚下盘旋而过。圣峰山与南峰岭之间有一个幽静的山谷名叫"五宝洞"，传说四面群山之中潜藏着金、银、铜、铁、锡五种宝藏，给这里笼罩了一层神秘的面纱，自古以来经常吸引许多游人纷至沓来。其洞口较宽阔的村庄顺其名曰洞口村，与鸣水村只有一山之隔，这座山就是闻名赣湘两省的圣峰山。修水革命简史《红旗漫卷》中，记载了红五军副军长黄公略曾经率领红五军进驻圣峰山，重建修水县工农兵苏维埃政府。当年县苏维埃政府驻地为什么选择圣峰山？我觉得很有必要再来探个究竟。

从银子坑过圣峰山要走过一道山梁，走着走着，四周景观随之变换，左边山谷高楼林立，秀美新农村在阳光下熠熠生辉。远处鸣水瀑布映入眼帘，似飘带挂在山间，偶尔能听见流水直下拍击岩石震动的声响。右边远处山峦起伏，层层叠叠，横亘于赣湘两省之间，一道黛青色的天然屏障，犹如一匹归槽静卧的战马，故称"马岭"。近处是金甲山，三座山峰并在一起，中间主峰突出，两边的山峰极像一位身穿铠甲独当一面的将军巍然矗立，仿佛从远古走来，依旧威风凛凛、精神抖擞。"将军"脚下是五宝洞水库，碧波荡漾，自上往下看像一颗宝珠镶嵌在群山之中，又如一面大镜子，透过枝叶间隐约的缝隙望去，水汽氤氲，淡淡的薄雾似有若无，在阳光的辉映下，水面跳荡银色的波光，炫人眼目。水库周围零星的房屋点缀其间，桃红柳绿，像个世外桃源。

在金甲山和圣峰山之间就是五宝洞水库口，名叫铁门槛，这里两边山高，地势险要，一条水沟顺着小路直下洞口村。1928年9月下旬，红五军进驻圣峰山，协助中共修水县委重建县工农兵苏维埃政府，时任三区五乡赤卫队队长朱庆隆同志带着200多名赤卫队队员，除了打土豪、斗劣绅以外，还负责保卫县苏安全。11月中旬，国民党三省"会剿"开始，敌18师104团一部串通大桥"兴仁"和墨田"积庆"两支民团攻打驻扎在老寺里的修水县苏维埃政府，朱庆隆队长带着赤卫队配合县游击大队就埋伏在这个五宝洞峡口两侧山上，利用鸟枪、鸣铳、大刀和梭镖与敌人顽强战斗，使县苏机关安全转移。可惜的是1940年12月14日，国民党修水县党部第四区分部书记熊文光，得知时任中共修水中心县委组织部部长朱庆隆已往平江的消息后，带领五名匪徒埋伏于此。当太阳西下的时候，朱部长与湘鄂赣特委取得联系后回家路上途径铁门槛，他肩挑一副杂货担子，撞见了这伙刽子手，就机警地丢下担子，把身上的银圆和钞票全部撒在路上。这伙老奸巨猾的匪徒平日里见钱如命，这时却不顾一切地在后面拼命追赶。他顺势滚下山沟，刚爬起来就被匪徒两颗罪恶的子弹击中要害，英勇献身，牺牲时年仅47岁。

一条两米多宽的公路取代原来的羊肠小道，盘旋而上山顶，2012年水源和大桥两乡镇爱心人士慷慨解囊，修建公路，公路直达山巅幽凹处空旷的平地。这里原来隐藏着一个寺庙，寺以山名，始建于宋太祖赵匡胤建隆年间，初名胜峰山真觉禅院。后来清乾隆帝下江南，寓寺避暑，而敕圣峰，故称圣峰寺。区别于清乾隆年间南峰岭另建的新寺，全称圣峰山老寺。原砖木结构古寺经历一千多年的风雨洗礼，早已摇摇欲坠，2014年秋冬时节在原址上重建该寺。重修后的老寺焕然一新，改名圣峰山古刹。如今，走在盘旋公路尽头，随着光线的变化，朱红屋檐的剪影破绿而出，笼罩了一方天地。因此，圣峰山最美的景物就在这山的顶端。还未见到寺的踪影，山顶却传来一阵阵木鱼声。迈进圣峰寺院门，双龟迎客，佛字沁心。但见古木参天，殿宇巍峨，黛瓦橙墙，飞檐翘角，朱门耀眼，楹联醒目。新寺地居幽僻，坐南朝北，茂林修竹，翠色护院，岚光绕空，香烟袅袅，尽显禅宇风范。进得寺内，八柱千钧，龙飞凤舞，关公挡道，诸佛盘坐，罗汉列队，梵音绕梁，佛光普照，真是个圣地名刹。据寺中住持介绍，宋高宗绍兴年间，临沂高僧普庵祖师夏天住在此地，用拂尘扫蚊，蚊虫至今绝迹。新寺保留了原有的楹联："圣昔临趾祥云远集洪雨倾淋灾祸消，峰今呈秀真觉早生巨恩广布福寿到。"

"山不在高，有寺则名"，千百年来，圣峰寺闻名湘赣两省。这里山高谷深，层峦叠嶂,易守难攻,寺院宽阔,可以藏龙卧虎,自然成了兵家们的战略要地。我终于明白了当年红五军为什么选择在此驻军,修水县工农兵苏维埃政府为什么在此重建。

当年为声援"南昌起义"和"秋收起义",1928年7月22日,彭德怀将军在平江起义,消息传到修水,修水县委召集紧急会议,委派从北伐军中回来的共产党员王铁猛同志到平江县龙门、长寿街一带去接应红五军,并表示红五军进入修水,修水县委一定会全力支持,派向导、赤卫队、梭镖队随军行动,配合作战。当时江西省伪省长朱培德的一个团也进入大桥镇,企图堵击红五军进入江西境地。王铁猛同志带着红五军,趁敌立足未稳,发起突然攻击,打得敌人措手不及,向县城逃窜,红五军缴得步枪30余支。8月4日,红五军军部彭德怀、滕代远同志来到朱溪会见了修水县委负责人甘特吾、樊策安、陈秋光等同志,商议攻取修水县县城,并带上万名赤卫队和梭镖队队员配合红五军攻克县城。在修水,红五军捣毁了县衙门,打开监狱,没收了地主豪绅的浮财,并进行了广泛的群众工作。红五军协助修水县委成立了修水县工农兵苏维埃政府,店员陈畴九任县苏主席,不久,国民党从南昌调集两个宪兵营前来"围剿",并且在通城、修水、铜鼓、平江等地分别派驻重兵,层层包围,红五军退出修城,只能在修平边境地区展开游击战。

9月下旬,黄公略副军长带领红五军一部进驻圣峰山。在黄公略同志的支持下,修水临时县委决定,重建修水县工农兵苏维埃政府,王铁猛同志被选为县苏主席,朱庆隆同志任组织部部长,陈秋光同志任宣传部部长,兼管后勤工作。陈秋光派出侦察员探听敌情,宣传发动赤卫队队员参加红五军,并且从四面八方买来一批粮食,保证部队伙食供给,完成了红五军安全休整的任务,受到表扬。为了冲破敌人的"会剿",解决部队给养问题,黄公略同志指挥一、二纵队在圣峰山坚持斗争,阻击敌人,掩护主力部队南移行动;彭德怀、滕代远、邓萍、李灿等同志率五个大队及军直大队声东击西,跳出重围,向湘赣边界靠拢,挺进井冈山,1928年12月与红四军会合。国民党18师龚朝美108团坐镇大桥,今天清这个塅,明天剿那座山。一些被农会赶出去的土豪劣绅乘机在各乡办起反动民团、铲共义勇队,领着白匪烧杀抢掠,无恶不作。

这时,红五军就依托圣峰山在周边地区展开了游击战,在台庄、上下衫、大桥等三个区建立了区苏和十几个乡的乡苏政权,进步的群众已达六七万,党员也发展到一万多名,纵横一百多里都是红色根据地。王铁猛同志身负重任后,更是日夜操劳,同县苏成员一道着手发展区乡苏维埃组织,一面抓紧建立一支工农武装,以吴春满同志为大队长,自己兼任修水游击队第一大队党代表。县游击大队利用圣峰山的有利地形,与红五军并肩作战,驻军备战,伺机歼敌,狠刹敌人的嚣张气焰。

此后黄公略同志率部转战修水、平江、浏阳一带发动群众,开展游击战争,创建了湘鄂赣苏区,并且消灭了大量国民党驻军和挨户团,开辟了数块具有重要影响力的革命根据地。1929年4月,他组建了湘鄂赣边境红军支队;9月初,彭德怀率部返回湘鄂赣边区时,他带红军支队并入了彭德怀的红五军,并任副军长,参与策划和指挥了红五军向北开辟鄂东南地区、向南打通与湘赣苏区联系的重要军事行动,进一步扩大了湘鄂赣苏区根据地。

1934年,为了打破国民党的第五次围剿,年仅26岁的萧克将军率领湘赣苏区主力红军红17师北上,曾经三进修水。3月14日,萧克率部经崇阳、通城,第三次进入修水,宿营于水源。15日队伍途径圣峰山脚下,与国民党19师相遇,敌我双方展开击战,战斗进行了6个小时,我军获胜,击毙敌官兵二百余名,我50团团长李崇不幸牺牲。萧克将军率红17师在圣峰山做短暂休整,当天向平江虹桥方向转移,于22日回到湘赣苏区。7月,他率部先遣西征,为中央红军的战略转移开辟通道,拉开了中国工农红军万里长征的序幕。1987年9月,萧克将军应邀来修水参加秋收起义和中央苏区创建六十周年纪念活动,这位身经百战、叱咤风云的老将军挥笔写下"秋收起义永放光芒"等苍劲有力的大字。

在抗日战争时期,修水成为南昌会战、上高会战和长沙会战的重要防线。1939年8月11日,侵占湖北通城的一股日军经南楼岭窜到桃树港,次日向湖南平江进犯,途径五宝洞,被驻守在圣峰山的国民党27集团军第20军杨汉域部击溃。杨汉域将军于1949年11月任重庆卫戍副总司令,12月率部在成都参加起义,正式编入中国人民解放军系列。

红色景点

兄弟同是县书记

卢大祥

"不怕敌人凶,怕死不革命。献出全家血,换取全国红。"这是甘特吾烈士含泪回信勉励妻子的诗,曾激励着后人为革命英勇献身。土地革命时期和抗日战争时期,甘特吾、甘卓吾两兄弟都当过县委书记,"兄弟县委书记"的青铜雕像就立在马坳镇马坳村甘特吾故居。

甘特吾故居所在的蚌上自然村,位于马坳镇马坳村东北,距集镇约一公里,前有渣津水,后有雷峰尖,正是雷峰尖巍巍、渣津水潺潺。站在高处看,整个自然村像一把正在收割黄澄澄稻谷的镰刀,和敞口的帝王墩箩筐默契搭档,共同构造了这方人勤物丰、英雄辈出的红色沃土。出集镇北大道向前约1000米,便能看到一块巨大的"红色蚌上"匾额,匾额旁边,题为"兄弟县委书记"的青铜雕像,正在施工。站在匾额前,仿佛有一股净化身心的力量,召唤我前行。

右拐之后,白楼掩映,绿树成排,芳草茵茵,翠鸟吟唱,这里正是蚌上自然村。蚌上自然村投入80万新村建设专项资金,围绕"三清三拆""七改"建设百姓大舞台、休闲长廊、生态停车场等,小庭院、小果园、小菜园点缀其间,生机勃勃,村容村貌取得显著提升。踏足此地,四周景致仿佛在向我这个初访者说,革命老区正散发新活力。

到广场不远,再向左转,远远就能看到三间恍如亮剑、直抵长空的淡金色老屋,这便是甘特吾烈士的故居。故居最靠近来路的墙面,日光下闪耀着四行甘特吾烈士在狱中用雄心铁胆谱写、震撼人心的千古绝句:"不怕敌人凶,怕死不革命。献出全家血,换取全国红。"1930年7月,时任赣北特委委员、赣北分区委宣传部部长以及湘赣边暴委委员的甘特吾,接到"修水务即速夺取县政"指示,于8月初率县游击大队和赤卫队队员5000余人,袭击修口一带白区民团,配合彭德怀将军攻打长沙,行动绝无半分拖沓。当时特务对他咬牙切齿又束手无策,不得不移恨他父母,导致他父母逃亡在外,魂归异乡。他以信奔丧,还要勉励妻子,写下这首诗,内心一定坚毅如钢。

踏入故居的大门,仿佛置身藏宝阁,无处不隐藏精神财富。驻足在大堂中央,右边有甘特吾、甘卓吾兄弟以及傅彪等马坳镇烈士的光荣简介,左边是还原的甘特吾居室。望着甘特吾革命烈士荣光闪耀的履历,不禁想起村里有老人曾说,甘特吾家境富裕,他在江西省立第一师范学校求学,已经参加共青团组织,一次给家人的回信中写道"一块钱一亩的田不要买,一块钱一斤的肉尽管吃"。可想而知,中国的未来,早就被他一双锐眼看清,后来取得的丰硕功绩,是他志存高远的必然结果。仔细探究,"兄弟县委书记"也能从烈士简介中找到答案。甘特吾在中共修水临时县委和县委成立时,均被选为县委书记,而他的兄长,革命烈士甘卓吾,也于1939年2月,担任修水中心县委书记。像他们这样,在抗日战争时期先后担任县委书记,并为抗战做出卓越贡献的兄弟,全国罕见,属名副其实的打虎亲兄弟。转看左边,修水中心县委书记、湘鄂赣特委委员甘特吾烈士的卧室,还摆放着他生前的遗物,以及根据邻里回忆还原的一桌一椅一床。阴霾重重的动乱年代,甘特吾烈士在这样一间小房子里工作、学习、休息,同国民党等敌对势力斗智斗勇,奋勇厮杀,最终英勇就义。

看完了甘特吾烈士故居,我庄严肃穆地站在烈士墓前,凝望着墓碑,我仿佛看到一位视死如归的中年人就站在我的对面,慷慨长歌,哀感天地。甘特吾烈士曾经说过:"如果谁还活着,谁就要将革命进行到底。"如今,前来红色蚌上参观的游客越来越多,甘特吾故居旁边还建设了一个红色农庄。故居和农庄一起,一边讲述红色故事,一边热情欢迎建设祖国的后来者,接待了一批批参观学习的旅人,也震撼了一个个像我这样闻名而至的乡民。每一个探访者,都从这里接过了一盏红色火炬。

探访过后,我突然觉得自己有些不同寻常,耕笔之际,仿佛窗前有一双眼睛向我问候,我从字里行间,感受到一股徐徐流淌的生命力……

太阳升起红满天

冷春晓

丽日和风,花红草绿,正是文人墨客采风笔会的好季节。2020 年 5 月 31 日,由江西省修水县溪流文学社主办,修水县太阳升镇人民政府承办的"太阳升香樟林采风笔会"在太阳升镇杨梅渡古樟林成功举办。沿着修清公路,从县城出发,一个小时的车程,就会把你带进如诗如画的太阳升镇车田村。停下车来,位于修河边的杨梅渡古樟群扑面而来,一块"中华香樟第一村"的碑石映入眼帘,几十棵千载古樟,遮天蔽日,樟香随风扑来;数十只嬉戏小鸟,迎客飞舞,鸟鸣清脆响亮……

步入景区,宽阔的柏油路两旁,碧绿的莲塘传来蛙鸣,偶尔有小鱼在荷叶间嬉戏;岸边凉亭古色古香,"莲亭"二字隽秀大方,一副对联"塘泉汩汩一池明镜鉴冰心,莲植亭亭万顷沃土凝玉骨"点醒来客:这是一片肥沃的土地,这更是一块红色的沃土。你向左边转,沿着碎石铺就的乡间小道,一座用古旧建筑改成的"三都人民抗日纪念馆"就在眼前,进入馆内抗日背景雕塑震撼人心。大厅右墙设有"统一战线""全民抗战"板块,大厅左墙主要是围绕中共地下党组织坚持抗日的正面战场,走进右面展房,"日寇暴行"让游客义愤填膺,"抗战精神"板面又展示了我军英勇抗战的辉煌历史。左边展房图文并茂,展示了战地医院抢救伤员的动人画面。纪念馆后面还有"孝廉广场""将相家风"等景点。据记载,抗日战争时期,三都地区在修水是驻军时间最长、日寇侵犯次数最多、人民受害最为严重的地区,始终处于修水抗战的最前线。纪念馆以高举团结抗战的旗帜和全民参与抗日的历程为主线,分为"统一战线、全民抗战、正面战场、日寇暴行、战地医院、传承精神"六个部分,以重大事件、重要历史人物为主要展示手段,真实记录三都军民共同抵抗日本帝国主义侵略的历史,突出展现三都人民为抗日战争的胜利所付出的牺牲和做出的重要贡献,深刻揭露了日本侵略者在三都地区犯下的滔天罪行。

经过此馆,触景生情,让我们不得不回忆起三都人民当年抗战的光辉历史。1937年9月,我县民众抗日风起云涌,三都人民组织成立"抗敌后援会""战时后方服务团""担架队""抗战剧团""妇女会"。先后有400多人报名参军,172人应召入伍,与驻防当地的国民革命军72军将士并肩作战,其中119人在抗战中英勇牺牲;1939年9月,三都街傅朝裕、陈集梧、傅朝汉、傅继祖、赖振家、邹训文、陈译新、韩蔚生、王礼文9位热血青年毅然参军,踏上抗日战场,在火线立功升职,成为"一镇八团长"的佳话。日军侵入三都后,三都人民以各种形式同侵略者展开了殊死搏斗。他们有的宁死也不愿为侵略者出力,有的拿起菜刀、土铳深夜袭击敌寇。为了节约子弹,三都手工业者组织起来,用铁砂、瓷瓦片、白药、黄磷、火石等土法制作土炸弹、发弩车、铁石头发射车和煤油桶炸弹。这些土制武器在战场上杀伤了不少敌人。根据当时民国报纸报道,三都的两次战斗共歼敌1600余名,缴获大量枪支弹药及军衣、钢盔、迫击炮、若干马匹。三都人民为抗日战争胜利做出了重要贡献,付出了巨大牺牲,表现出"拼搏、奉献、团结、自强"的伟大抗战精神,是一幅波澜壮阔、英勇悲壮的历史画卷。

你再往前走,就到了"妇女半边天陈列馆",此馆生动再现了"妇女能顶半边天""江南第一社"的历史,大厅天字墙右为三都"妇女半边天"发展概述,左为"江南第一社"发展概述。大厅左墙及左边展房展出"人民公社内容",包括"三都升起红太阳""太阳出来红彤彤""太阳照遍新农村""太阳每天放光芒"等栏目;大厅右墙及右边展房是"妇女半边天"内容,包括"妇女能顶半边天"提出、中央媒体传播、高层领导肯定、国际社会推崇等内容。太阳升人民公社现已更名为太阳升镇,该镇大力发展经济,现在成为"江南蚕桑第一镇",入选为江西省首批特色小镇,被列为全国重点镇、省百强中心镇、市重点示范镇和县城副中心,也是县工业重镇,综合实力位列全县第一方阵。

说起"妇女能顶半边天"这一经典口号,还真是由修水县妇联发起的"千菊万牡"活动首次提出的,原型是三都片区妇女。1958年年初,修水县妇联根据上级精神,结合修水的实际,发起开展学习樊孝菊(生产持家能手、劳动模范),赶上张待牡(勤俭持家能手、劳动模范)活动,当时叫"千菊万牡"劳动竞赛活动。

1958年4月17日《江西日报》第三版整版报道了"千菊万牡"活动的情况,报道中提出了"妇女真是半边天,生产持家样样能"。1958年6月30日—7月28日全国妇女工作会议召开,江西省妇联主任朱旦华和修水县妇联主任严翔莲在会上介绍江西省"千菊万牡"活动时,特别提出了这个崭新的口号,并被全国妇联登上了简报。半边天的原型代表人物樊孝菊出席了会议,7月16日还受到了党和国家领导人的接见。1958年10月9日《人民日报》发表的《不可忽视的生力军》中提出了"妇女半边天,事事要争先"的口号。自此,中央媒体经常使用了"半边天"的提法,用以指代"妇女"。"妇女能顶半边天"的经典口号,也传遍了全球。2016年9月5日德国《明镜》周刊曾发表题为《妇女能顶半边天》的文章,称中国的经济繁荣也是一部女性的成功史。

一个这样的江南小镇,不仅在抗日战争时期彪炳史册,而且在社会主义建设时期走向全国,不能不说是一个奇迹。游览完这两个展馆,你再走到接近修河边的"香樟林",就会看到庄严的"抗日殉难军民纪念碑"。笔会时,文友们不仅写诗赞扬太阳升现在的辉煌,更歌颂太阳升的光辉历史。这是一个幸福和谐的活力乡镇,更是一个"太阳升起红满天"的秀美乡村,它红得悲壮,红得热烈……

将军井旁话农耕

黄　金

绿遍山原白满川,子规声里雨如烟。

乡村四月闲人少,才了蚕桑又插田。

　　这是宋代诗人翁卷的《乡村四月》的诗,这首诗以白描手法,描写了江南农村初夏时节的景象,寥寥几笔就把水乡初夏时特有的景色勾勒了出来,交织成一幅色彩鲜明的图画。

　　小时候漫步在乡村的田间小道上,看到父辈在田间精耕细作,读着这首诗也不懂诗中的深意;长大了坐在书房里品读这首诗,略懂诗意却难以看到"才了蚕桑又插田"的农忙之景,寻寻觅觅,苦苦思索,常常在惆怅之中,时时在思索之中,直到有一天走进修水县征村乡横坑村的石窝里,才有豁然开朗之感,不仅名如其景,而且景映其名,一个土得掉渣的地名,却是一个美到极致的乡村……

　　从县城到石窝里,不到半小时的车程。石窝里自然村隶属于征村乡横坑村,属村中心地段人口集住群,这里环境优美,四周房屋环山而建,家庭小院错落有致,中间一条蜿蜒的溪流潺潺而过,清澈透明而又甘甜可口,溪流的半腰口,矗立一棵百年老樟树,它巍峨雄壮又能遮阳挡雨。人随景转,来到石砌围栏的"将军井"边,见井水清澈透明,饮之则甘甜可口,见之长年不干,井上面盖了一个别致的亭子,惹得游客常常在这里留影。人们闲坐井旁,聊聊家常,又总在回忆着皮定均将军的故事。皮定均将军(1914—1976)是安徽金寨人,1949年后,任中国人民解放军第二十四军军长兼政治委员、原兰州军区司令员、福州军区司令员,1955年被授予中将军衔。在1966年,皮定均将军受中央派驻,来到修水县赤江乡红光大队(今征村乡横坑村),开展了为期二年的社教工作,当时总指挥部就驻扎在横坑村罗家老屋。1966年适逢大旱,当地乡亲们的饮水问题极其困难,于是将军亲自勘察选址于石窝里古樟树和老庄里古柳树旁,率领战

士们在当地乡亲们的帮助下,经过半个月的日夜不停地挖,挖了两口泉水井,终于解决了两个生产小队乡亲们喝不到水的问题。由于石窝里泉井的水从不干涸,同时还能保障到附近几十亩水田的灌溉,使得乡亲们都能收获些粮食,在饥荒年代也能生存下来,故乡亲们又称此井为"生命井",后来乡亲们始终秉承将军的遗志,发扬自力更生、丰衣足食的精神,并把这口井称为"将军井"。

从"将军井"沿途而上,就到了农耕文化馆,来到这里,可让游客"了解农耕文化,传播农耕文明,发扬农耕精神",你从这里可以知道,一粒谷种变成粮食满仓的故事。展厅有农耕文化实物展,展示的耕种步骤栩栩如生,看到水车,你会想起父辈挥汗车水抗旱的情景;摸摸风车,你会想起父辈手摇风车吹清稻谷杂物的艰辛;扶扶犁耙,你会追忆父辈在田间地头,左手牵牛、右手扶犁的潇洒。不少都市人带上自家小孩来到这里,可以让小孩远离电脑游戏的祸害,亲近美丽的大自然,领略田园乡村乐趣,把从课本上读到的"谁知盘中餐,粒粒皆辛苦"变成眼见为实,从中感受中华几千年的传统农耕文化,以及勤耕苦读的传统美德,可以让孩子受到勤俭节约、热爱农村的教育,在这里真正体会到"乡村四月闲人少"的乡村风貌。这里看得见山,望得见水,留得住乡愁!这里,乡愁不再是那一枚小小的邮票,乡愁也不再是那一张窄窄的船票……

再从这里向对面走,就可以看到分宁皇菊加工地,这里的村民以种植皇菊、水稻和蔬菜为主,其中以种植皇菊为本村的主要经济收入。2013年本村十几家农户就联合注册成立了金海菊花种植专业合作社,建设打造200亩的分宁皇菊基地,每年从事生产加工和种植的人数有100人,素有"皇菊之村"的美誉。在皇菊的清香中,再往回走,你可以走一走田间的"民心竹廊",弯弯曲曲,全部用竹子制作的,两边会吹来莲花或稻花的清香,有一种"稻花香里说丰年"的乐趣。再向前走就是健身广场,在广场旁的龙凤阁坐一会儿,你会回味"皇室独珍传古艾,菊香远溢畅君怀"的滋味,你会想起"吃水不忘挖井人"的"将军井",你会记起"谁知盘中餐,粒粒皆辛苦"的农耕文化……

是啊,我们曾经为了生活或者梦想,背起行囊,远走他乡,时光荏苒,曾经的少年变老了,游子终有一天要回家,这里就是你想起童年、排解乡愁的地方……

抱爱医院抱大爱

谷 风

抱爱医院不但是一个救死扶伤的地方,还是一个中共地下联络站。抱爱医院位于修水县黄土岭178号,是中共湘鄂赣特委地下联络站旧址。

抱爱医院坐落于修水县城鹦鹉街西段,建于清末,属中西合璧建筑风格的典型建筑,坐南朝北,砖石木结构,四重三天井,上下两层,宽12米、进深44米、高9米,建筑面积528平方米。2007年9月抱爱医院被修水县人民政府列为县级文物保护单位。2017年至2018年,县人民政府对旧址进行修缮保护,恢复旧貌。2018年3月,抱爱医院被江西省人民政府公布为江西省第六批文物保护单位。

据史料记载,抗日统一战线形成后,为了团结一切抗日力量,打击国民党顽固势力,做好驻修水的国民党部队抗日统战工作,中共湘鄂赣特委特派员、地下党员杨抱爱,以自己所办的抱爱医院为基地建立联络站,来沟通国民党部队内中共地下党员与中共湘鄂赣特委、修水中心县委的联系。杨抱爱,又名抱安、保安、天籁,男,浙江绍兴马山乡姚家人,1901年出生在一个贫苦家庭。他在1927年大革命失败后的白色恐怖中加入中国共产党。杨抱爱曾在国民党50师任军医,1932年,蒋介石为了镇压湘鄂赣苏区人民的革命运动,从中央苏区调遣50师进驻修水,杨抱爱也随军到了修水,不久就秘密地与修水党组织取得了联系,从事党的地下活动。革命形势的飞速发展,让杨抱爱于1934年毅然离开了50师,在修水党组织的安排下,在此开设了"抱爱医院",立志为人民解除痛苦。为了表达他这种思想感情,他嵌自己的名字在医院门前写了一副对联:"抱强种志,努力保健;爱同类心,放弃私欲。"横额为"抱爱医院"。他是这样写的,也是这样做的。

他为贫苦百姓和军队士兵治病收费低,甚至免费;而对反动军官则收费高。

1938年8月,在中共修水中心县委的推动下,"修水县各界民众抗敌后援会"成立,杨抱爱担任主持工作的副总干事。当时修水驻有王陵基的国民党30集团军、杨森的国民党27集团军所属134师、樊松甫(后为李默庵)的湘鄂赣边区游击总指挥部等,国民党军队中有很多地下党员。中共湘鄂赣特委、修水中心县委为了加强与国民党军队中地下党员的联络,决定以抱爱医院为我党的地下联络站。中共修水中心县委驻在离县城30公里的马坳乡下,杨抱爱常带着国民党军队中的地下党员步行到马坳乡下,同中心县委书记甘卓吾(外号:甘胡子)联系,接受革命任务。中共湘鄂赣特委和修水中心县委,也是通过杨抱爱向国民党军队中地下党员传达党的指示。据记载,当时中共湘鄂赣特委和修水中心县委通过杨抱爱与国民党军队中地下党员取得联系的主要有:湘鄂赣边区游击总指挥部《复报》编辑张生力,国民党30集团军72军政治部干部汪志道、葛亦远,《扫荡简报》编辑廖伯坦,国民党27集团军134师政治部殷舟平、瞿希贤,等等。在此期间,为了联系群众和做好抗日文化宣传,他在医院办起了图书室和书报销售摊,借阅和销售的书报主要有《大公报》《申报》《新华日报》《大众政治经济学》等进步书籍和报纸。图书室的书免费给大家借阅,销的书报价钱也便宜,在群众中影响大,修水许多青年学生和驻军中的军官、士兵,常来这里看书报,有的青年在这里第一次接受马列主义启蒙教育,从此走上了革命道路。

　　杨抱爱地下联络站的活动,引起了敌人的注意,国民党军政机关为此也经常派人来搜查、破坏,甚至查封进步书籍,对杨抱爱同志进行人身攻击和恐吓。1939年11月,国民党军事委员会战地党政军视察团由吕月华带领来到修水,国民党修水县党部和政府人员向吕月华汇报我党地下活动,说抱爱医院是"赤色机关"。由于吕月华是地下党员汪志道的未婚妻,汪志道及时将这一消息转告给了杨抱爱,要杨抱爱离开修水,以免国民党特务暗杀。但杨抱爱与修水人民建立了深厚的感情,同时考虑到修水党的工作离不开他,他便不顾个人安危,坚持留在修水工作。1940年3月29日深夜,杨抱爱被国民党特务暗杀,终年39岁。同年5月16日中共湘鄂赣特委委员、修水中心县委书记甘卓吾在马坳被暗杀。敌伪档案中对国民党特务这一事件进行了记录:"查本县素为某党活动之区,迨至本年三月廿三日(应为'廿九日')及五月十六日经本部商同驻军将伪省委会派驻修水担任边区交通工作之杨抱爱（即修水医院院长），伪边区特委会委员兼伪修铜武通山通城五县中心县委会常委甘卓吾（化名胡祖）等较为顽固而剧烈之有力分子先后暗刺后，修水方面之伪组织已失领导。"杨抱爱这位战斗在敌人心脏的地下党员的事迹，迄今仍为修水人民所广为传颂。

杨抱爱牺牲了，他牺牲在修水这块红色的热土上，他的精神永存！但抱爱医院还在，还在传递着先辈的革命精神……

白岭红色故事多

杨光明

白岭是一块红色的土地。在中国共产党的领导下,白岭片区人民为了国家的富强、民族的独立和人民的解放,抛头颅、洒热血,前仆后继,英勇奋斗,经历了艰苦卓绝的革命斗争,做出了重大的牺牲和贡献。据《修水英烈谱》记载,截至 2012 年底,经江西省人民政府批准认定的白岭片区革命烈士就有 2984 名,占全县烈士人数的 28.9%。其中全丰镇 1157 名、白岭镇 535 名、古市镇 508 名、黄龙乡 465 名、路口乡 319 名,白岭片区的无名烈士也数以万计。这里隐藏着很多的红色革命故事,为此白岭镇党委政府还专门建设了一个白岭革命史陈列室。

白岭革命史陈列室建在白岭镇荣春村 28 组杨祠,也是著名的杨祠暴动旧址所在地,而彪炳史册的杨祠暴动就发生在这个杨家祠堂。杨家祠堂始建于明代永乐年间,坐西朝东,砖木结构,宽 24 米,进深 30 米,高 8 米,三进四天井,面积 720 平方米。1928 年 4 月 3 日,杨家祠堂遭镇压暴动的国民党靖卫大队焚毁。1943 年,杨姓众人捐资,于废墟之上按原貌重建杨祠(保留有未遭火毁的部分建筑构件)。后来祠内存物被洗劫一空。1993 年,杨氏族人再次捐资复其原貌,修葺一新。2005 年,修水县人民政府在该旧址设立纪念标志,供人景仰。现整座建筑结构稳定,保存较好。杨祠暴动旧址 2016 年 12 月定为县党史教育基地,2018 年 3 月,被省人民政府列为江西省文物保护单位。

斗转星移,记忆虽渐行渐远,但历史不会磨灭。2016 年,为了缅怀革命先烈先辈,激励后人,根据群众意愿,并报经县委领导同意和县委党史办批复同意,镇党委政府决定在荣春村的杨祠暴动旧址建设"白岭革命史陈列室",以图文展示、实物陈列等方式,再现当年波澜壮阔、如火如荼的白岭片区革命历史,不仅得到省、市党史部门的支持,得到县委、县政府的多方关心,得到县委党史办的

具体指导和帮助,也得到县有关部门、白岭片区其他乡镇和热心人士等的大力支持。据悉,白岭革命史陈列室是江西省第一所乡镇革命史陈列室。

进入白岭革命史陈列室,可以看到陈列室展览布局分为两大区域:杨祠大厅为图文展示区,下堂前两间东厢房为实物陈列区,展示的图文分为六个部分,除"前言""后记"外,主要介绍杨祠暴动的经过和重要参与者、白岭片区革命史略,以及第二次国共合作时期白岭片区的抗日史料,同时,介绍流传在白岭片区的部分生动感人的红色故事。发生在白岭片区的太清惨案、和冲惨案和斑鸠坳惨案,湘鄂赣野战军(原红16师)的大庄段战斗,著名的苦竹岭抗日战斗,支援八路军,新四军开辟抗日根据地,迎接解放军解放白岭片区……构成了一部可歌可泣的白岭人民革命史卷。这些珍贵史料,是革命先烈先辈留给我们追求真理、热爱祖国、忠于党和人民事业的宝贵精神财富,是白岭人民光荣革命历史的反映和见证,具有重要的"存史、资政、育人"作用。杨祠暴动旧址和白岭革命史陈列室,成为我县的又一个重要红色旅游景点。

从史料的介绍中,我们不得不记取两个重要的故事:一是"杨祠暴动"。1927年冬,赣北特委书记刘士奇来到修水领导杨祠暴动。1928年3月下旬,中共修水临时县委在沙坪满觉寺(今白岭镇荣春村)召开重要会议,决定成立杨祠暴动委员会,组织武装暴动。同时,组建修(水)铜(鼓)武(宁)工农革命军游击队,暴动委员会主任和游击队队长由刚从井冈山回县的余经邦担任,年轻上进的杨荣春也成了暴动委员会的主要骨干。暴动委员会不久即移驻沙坪杨祠,建立了铁铸局制造武器,后来队伍发展到1000余人。1928年4月3日傍晚,杨祠暴动委员会召集70余名革命骨干在杨祠开会,部署杨祠武装大暴动。由于叛徒告密,国民党修武铜靖卫大队长吴抚夷派出300余人的全队人马,从路口(今路口乡)出发,分两路包抄,团团围住杨祠。敌人使出浑身解数,企图诱降余经邦、杨荣春等人,都遭到拒绝。吴抚夷恼羞成怒,下令纵火焚烧杨祠,几十位革命同志奋力突围。余经邦等人冒死冲出大门,与敌人肉搏,杀出一条血路突出重围,杨荣春和其他没有冲出祠堂的同志继续进行英勇抵抗,后终因寡不敌众,全部壮烈牺牲。在这次战斗中,敌人也付出了惨重的代价,死伤近三分之一。当时在此开会的70余名农运骨干除少数冒死突围外,其余均英勇牺牲,杨祠被敌纵火焚毁，暴动领导人杨荣春被敌烧死，为纪念烈士和此次暴动，故该村命名为"荣春村"。"杨祠暴动"是彪炳修水乃至江西人民革命史册的一件惊心动魄的大事，当时成立的杨祠暴动委员会，是修水苏区最早的县级政权组织。

还有一个是发生在荣春村的著名的苦竹岭抗日战斗。1938年，国民党27集团军总司令杨森带领国民党27集团军从四川来到湘赣前线的修水、平江抗日，27集团军总部驻平江县长寿街，20军驻扎修水县白岭镇太清一带。1939年10月，日军进军长沙，杨森所辖20军杨汉域部134师在修水至通城之间的南楼岭和白沙岭的苦竹岭一带与敌激战，并从击毙的日军军官中搜出驻武汉日军司令官冈村宁次中将作战地图一份，获知日军围攻长沙的动向。杨汉域当即调整作战部署，改变向东阻击为由南向北攻敌。杨汉域亲率五千精兵在苦竹岭与敌鏖战，大获全胜。战后，杨汉域手书"大中华民国二十八年九月蜀人杨汉域率精卒五千大破倭寇于此"，命石匠在苦竹岭刻下摩崖石刻记录这一战事。该石刻刻在一个面积约5平方米的天然花岗岩上，至今保存完好。

白岭革命史陈列室只是一个小小陈列室，但却有着丰富的内涵，这里是中国革命的缩影，更是一面当今幸福生活的镜子……

顺济亭里话风云

王 科

修河之滨,弯弯的河水沿山崖流过,清清的流水声逐浪欢笑;南山崖上,碧绿的森林遮天蔽日,嬉戏的小鸟别枝惊蝉,这就是位于修水大桥南端的黄庭坚纪念馆。

从丽景湾旁的景区前门进去,沿门右园林小道,先上到南山崖,见"南山崖"三字刻在岩石之上,书法遒劲有力。再向上往前走就见到"薜荔崖"三字,相传是黄庭坚曾在此种植一棵薜荔树而得名。经过"石门",见有"石门"二字刻在崖壁上,石门原为进山门径,因黄庭坚《石门寺题名》载"韩城元聿,双井黄某,同游石门。霜清木落,山川高明,扫径上冠云亭,可以忘归"而得名,明嘉靖六年(1527),宁州同知林春泽书"石门",刻于顺济亭东面左基石上。经过石门再向上走,就见一座六角古亭立在山崖之上,这就是"顺济亭"。石基上嵌入一块醒目石碑"江西省文物保护单位:秋收起义部队驻地旧址群——卢德铭警卫团和平江工农义勇队会合并召开联合攻打修水县城会议旧址",这是省人民政府2018年3月9日公布此为江西省文物保护单位后县政府立的,说明此亭不仅历史悠久,而且与著名的秋收起义有关,是一座历史名亭。

顺济亭建于清光绪二十年(1894),后多次修葺,为六方形砖石结构,高约6米,直径3.8米。基石上内嵌黄庭坚撰书的《顺济龙王庙碑记》,因以为名。1985年重修时,人们将复制的《顺济龙王庙碑记》碑刻镶嵌在亭下石座。今人叔亮书"顺济亭"匾额。从此,顺济亭更是成为黄庭坚纪念馆内一道美丽的风景。

来到顺济亭小坐,不仅远可看修河全景、观宁州古城风貌,近可研读黄庭坚书法和诗文,更可回味秋收起义爆发前夕和抗日战争时期的暴风骤雨。秋收起义爆发前夕,卢德铭警卫团和平江工农义勇队的领导人在顺济亭会合并召开联合攻打修水县城的会议。抗战时期,顺济亭是中共修水中心县委和国民党30集团军政治部前敌工作组的秘密联络点,这亭不仅是秋收起义在修水爆发的历史见证,也是当年中国共产党反抗日本侵略的生动写照。

1927年8月12日,卢德铭警卫团抵达修水。当日,卢德铭警卫团和先期到达修水的平江工农义勇队的领导人在顺济亭会合并召开联合攻打修水县城的会议。随后,修水县城被攻克,反动势力邱国轩部逃离修水县城。同年9月9日,秋收起义爆发。由中国共产党组建的革命武装——工农革命军第一军第一师师部和第一、四团率先在修水吹响了革命的号角,工农革命军的第一面军旗在古城修水高高飘扬。第二团、第三团在安源、铜鼓亦打响了暴动的枪声。

1938年2月,中共湘鄂赣特委派骆奇勋来修水成立中共修水中心县委,由骆奇勋任书记。同年夏,中共修水中心县委与30集团军政治部几位地下党员组成的前敌工作组在顺济亭召开秘密会议。根据骆奇勋回忆,他初到修水工作时,首先到修水县城的修江大旅社,会见了驻修水的国民革命军30集团军政治部的几位党员同志。该政治部同志的关系直属重庆八路军办事处,该部出川(系四川军阀王陵基的嫡系部队)经八路军办事处介绍到嘉义特委,骆奇勋是用特委所定的代号与他们接头的,在修江旅社会晤后,便约定第二天在河对面的亭子(顺济亭)里会谈,主要内容是抗日方面的活动和今后的对敌关系及前敌工作组的活动问题。他们的情况可通过前敌工作组转达,当时为保持在该部的秘密活动和安全起见,没有在县委中公开。同年夏,双方还在顺济亭召开了秘密会议。骆奇勋于1939年1月调离修水赴平江县工作时,前敌工作组还存在,他们直接与嘉义特委联系,新中国成立后还有人来找过他证明当时一些干部的工作情况。

青山依旧在,夕阳几度红。到过黄庭坚纪念馆,而不去品读顺济亭,将会是一个遗憾。历尽沧桑阅千帆的顺济亭,现已成为黄庭坚纪念馆的一张靓丽名片,是游客和市民休憩游玩、凭吊怀古和开展革命传统教育的红色景点,你在此可欣赏书法、观看美景,还能回忆历史、启迪未来……

十万英烈忠魂在

胡珊瑚

"人生自古谁无死,留取丹心照汗青。"这是南宋爱国诗人文天祥的诗,每逢想起小时候学过的这句诗,我常产生无穷感慨,到底是什么力量,让无数革命先烈愿意抛头颅、洒热血,直到参观了修水县革命烈士纪念馆,才深刻体会"人生自古谁无死,留取丹心照汗青"的真正内涵,才知道我们今天的幸福生活来之不易,正是有无数英烈的牺牲,才让我们生活在幸福祥和之中……

修水县革命烈士纪念馆坐落于修水县城北城区中心广场东侧,1952年开始筹建,1957年建成。纪念馆坐北朝南,钢混结构,占地面积1166.49平方米。一楼设前厅、烈士纪念堂,二楼设烈士事迹展厅,收藏有1万多名在册烈士名录和1000余件革命文物。主体建筑前的院落宽20米,深32米,院落中央矗立红军塑像一尊,显得庄重典雅。修水人民在中国共产党领导下,英勇奋斗,前赴后继,经历了北伐战争、秋收起义、土地革命战争、抗日战争、解放战争以及社会主义建设时期,许多仁人志士为此献出了宝贵的生命。该馆以文字、图片、文物为载体,展现了新民主主义革命时期10万多名修水英烈,为建立新中国而壮烈牺牲的光辉历史和伟大精神。该纪念馆于1958年由修水县人民委员会建立,1987年3月被江西省人民政府列为"全省重点烈士纪念建筑保护单位"。每年4月5日清明节或9月30日烈士纪念日,我县各界人士就在此开展纪念活动,一幅长联"名垂青简碧血沃分宁缕缕忠魂萦热土,气壮云霄雄风催盛世铮铮铁骨铸丰碑"依然在风中招展,依然在警示世人,正是先烈献出热血才有今天的和平生活。

"天地英雄气,千秋尚凛然。"一个有希望的民族不能没有英雄,一个有前途的国家不能没有先锋。修水不仅是一个英雄辈出的地方,而且是一个不忘英雄的地方。新中国成立后,县委、县人民政府为褒扬革命烈士的丰功伟绩,除县城建有修水县革命烈士纪念馆外,于1952年至1958年先后在当年苏区所在乡镇建立了革命烈士纪念馆、烈士陵园和烈士公墓。全县现有县、乡两级管理的烈士纪念设施42处,其中省级保护单位1处、县级保护单位2处,烈士公墓(碑、塔)39座。这些烈士纪念设施,是我县人民辉煌革命历史的有力见证,同时又是当代青少年接受革命传统教育的重要场所。

修水不仅在战争年代出英雄,而且在和平时代同样英雄辈出,不仅在外地出英雄,而且在修水本土同样出英雄。1992年10月29日,位于县城城西2公里处的鸡鸣山发生了森林火灾,县委、县政府通过广播发出紧急通知,要求县城全体党员干部、职工到山上参加灭火战斗。正在县林业局办事的冷德星匆匆赶回单位,立即组织在家的纪委干部上山灭火(领导外出开会)。他到家里一把扯下前一天在赤江熏衣山上打火、中午刚洗好还晾在竹杆上的衣服穿上,带好灭火工具和手电筒准备上山灭火。他赶到火场,同其他同志一道连续扑灭了五六个火点。由于几个小时连续扑火,这时他感到十分疲倦,加上饥饿,已经体力不支了。与他一道扑火的县监察局局长查中如劝他休息一会,可他说还有火势没被控制,转而向不远处的谢宝生靠拢。这时,在附近灭火的张宁闽和谢世云也过来。他们见前面有个火头烧得正旺,便一齐向前奔去。就在这时,一股风卷着火舌从他们背后扑来。正在不远处灭火的宁海军、叶凯听到呼救声后,奋不顾身地向火海冲去。然而,无情的大火毫不留情地吞噬了他们六个人的生命,此时,时针正指向晚上9点41分。牺牲时,年龄最小的宁海军只有19岁,最大的谢宝生年仅48岁,谢宝生等6位同志被评为革命烈士;2017年6月24日,匡美建、邓旭、程扶摇同志在参加抢险救灾中被洪水卷走。程扶摇同志壮烈牺牲,匡美建、邓旭同志失去联系并于同年10月经法定程序宣告死亡,2018年1月17日江西省人民政府评定他们3人为烈士。他们是和平时代的英雄,也是我们幸福生活的保护神。

站在庄严的革命烈士纪念馆前,我时常浮想联翩:哪有什么岁月静好,只是有人在负重前行……

秋收起义与渣津

熊耐久

渣津是一个美丽的乡镇,更是一片红色的土地,轰轰烈烈的秋收起义曾在这里留下了许多故事。

1927年9月9日清晨,秋收起义部队在修水县城紫花墩誓师起义,高举着工农革命军第一军第一师军旗,沿修河北岸西进,途中在马祖湖斑鸠林与秋收起义总指挥卢德铭相遇,下午与先前派驻渣津的李腾芳营汇合,并接纳了收编的邱国轩团。总指挥部驻扎在渣津万寿宫内,随即与当地党组织负责人徐光华、樊策安等商议召开军民动员大会事宜,次日清晨在万寿宫后的福星桥头大草坪召开军民誓师大会。卢德铭在会上传达"八七"会议精神和共产党的主张,号召工农同国民党反动派做斗争,并处决了从县城押来的几个恶霸。然后,参会的军民游行,穿过渣津两里多长的老街。

早在起义之前,修水工农运动已进入轰轰烈烈的阶段。1926年7月,为迎接北伐军进入江西,曾赴苏学习回国的中共党员胡思先奉命回修水秘密建党,成立了中共修水支部干事会,渣津籍的徐光华随父在县城做木匠,加入了中共党组织,任党小组组长。同年8月,国民革命军第六军奉命北伐,在军长程潜、党代表林伯渠、政治部主任李世璋的指挥下,从湖南进军修水,首先到达渣津,受到各界民众的欢迎。徐光华等在渣津成立农民自卫队,运送军火,传递情报。

1927年春,全县农协会员已发展到2万余人,工农运动如雨后春笋般爆发。正是在轰轰烈烈的农民运动中,秋收起义几支部队相继进驻了修水。修水发生的"六七"惨案,使党组织活动受到重大影响。转入农村进行组织发动工作的徐光华、陈秋光等积极与驻军领导取得联系,及时为驻军给养、训练、扩军、医疗等给予全面支持。驻军刚进城时,在县城赶走了邱国轩团,处决了为非作歹的王营长。警卫团分派李腾芳率领三营官兵分驻渣津,一面监视邱国轩团的活动,一面筹集粮饷,设立招兵站招募兵员。当地群众也从各个方面给予部队大力支持,给驻军送粮送菜慰劳战士,帮助战士洗衣被,招募兵员200多人,充实起义部队。驻渣津战士拉痢,药店有一位药师积极为患者抓药治病。有一位战士病重住在渣津下街歇铺,房东方四嫂为病人熬汤煎药、端茶送水,待如亲人。这位战士病愈出征时,为报答房东的关怀,写了一封感谢信,附上17枚铜板藏在锅里。待部队离开渣津时才被发现,"十七枚铜板"的故事至今在民间流传。起义部队到渣津次日,正是中秋节,街上居民、商人纷纷为部队送茶水、送月饼、送花生和米爆糖。

渣津人民在长期革命斗争中,同共产党休戚相关,与红军生死与共,节衣缩食、含辛茹苦,把生命置之度外,坚贞不屈、英勇顽强、前仆后继,渣津(包括东港、石坳)有1500多名革命先烈献出了宝贵生命。

回顾这段光辉历史,我们应不忘初心,认识工农革命"枪杆子里出政权"的艰辛,打造好修水这张红色名片。要代代弘扬秋收起义精神,团结奋进,建设美好家园。

风雨同舟共荣辱

谷 风

修河旁的丽景湾,一湾秀水缓缓流过;险峻的南山崖,数棵香樟郁郁葱葱。在这里,你除了可以参观著名的黄庭坚纪念馆外,还可到农工党江西革命活动史料陈列馆,体会农工党与共产党肝胆相照、荣辱与共的历史。它坐落在修江河畔国家 AAAA 级风景区南崖景区,位于黄庭坚纪念馆东大门,建筑面积 340 平方米。这是江西首个、全国第九个中国农工民主党党史教育基地,农工党在修水发展壮大的历史,就是一首中国共产党领导的风雨同舟、荣辱与共的凯歌。

陈列馆主要展示农工党江西省组织 1937 年成立以来,在中国共产党领导下,"在血与火的考验中"积极开展革命活动,尤其是 1947 年至 1949 年新中国成立前后开展的"新军事运动"。陈列馆按照革命活动特点,将这段光荣历史按照"诞生在暴风雨中、奋斗在策反战线、用赤诚守护家园、奔走在黎明时刻、与反动势力殊死斗争、留取丹心照汗青"六大主题板块进行陈列展览,展馆分上下两层,第二层还有一个学习活动室。展览用精练的文字和丰富的图片、文献资料,生动再现了农工党江西省组织和党员干部在中国共产党的领导下,顾全大局,不怕牺牲,团结群众,与国民党反动势力英勇斗争,为新中国成立做出应有贡献的光辉历史。全国人大常委会副委员长、农工党中央主席陈竺亲笔题写了馆名,全国政协副主席、农工党中央常务副主席刘晓峰为陈列馆题词。本展馆展示的就是农工党江西省组织在中国共产党的领导下,不懈追求进步、砥砺前行的光荣历史;是农工党与中国共产党在血与火的考验中,始终精诚团结、并肩战斗的光荣历史。

中国农工民主党(简称农工党)是以医药卫生、人口资源和生态环境领域高中级知识分子为主,由一部分社会主义劳动者、社会主义事业建设者和拥护社会主义的爱国者组成,是中国共产党领导的多党合作和政治协商制度中,同中国共产党通力合作的亲密友党。农工党创始人、革命先烈邓演达等同志于 1930

年8月9日在上海创立中国国民党临时行动委员会;1935年11月,改名为中华民族解放行动委员会;1947年2月,确定党名为中国农工民主党;1948年5月,响应中共"五一口号",自觉接受中国共产党的领导。农工党具有爱国革命的光荣历史和优良传统。在民主革命时期农工党团结爱国知识分子和进步人士,同中国共产党亲密合作,共同奋斗,经受了血与火的考验,为争取新民主主义革命的胜利、建立中华人民共和国做出了重要贡献。

陈列馆设在修水,与修水农工党在江西的重要地位是分不开的,新中国成立前农工党在修水迅速发展,并在修水和平解放中发挥了重要作用。

解放战争期间,中国农工民主党中央委员会积极响应中共中央推翻蒋介石反动统治、解放全中国的号召,于1949年2月12日给江西农工民主党组织指示了两项重大政治任务:一是组织和掌握地方人民武装,策反国民党部队起义,迎接解放军渡江战斗;二是扩大宣传、安定人心,保护一切公私物资和文卷档案。2月初,在南昌市政府任科员的张晴窗受农工民主党江西省委委派,邀请时在武宁的该党同志易家骥回到了家乡修水开展秘密工作。张晴窗将其长沙老家30余亩田卖掉,凑合妻子的金银首饰、银圆作为活动经费。他利用曾在修水国民党区乡政权中任过职的有利条件,在全县城乡积极发展农工民主党党员,准备组织武装。同年3月1日,32名农工民主党党员在修水县城陈启英家(位于县城东门宁红村)召开会议,正式成立农工民主党修水县委员会,会议推选易家骥、张晴窗、陈治模、熊梦吉、陈雪堂、陈启英、周治7人为县委委员;推选查荔村、林棣华、梁彬为县委候补委员。3月10日,农工民主党修水县委在修水县城源太和店(现义宁镇老道前街清泉巷口)举行第二次会议,推选张晴窗任组织委员、陈治模任宣传委员、熊梦吉任青运委员、陈雪堂任工运委员、周治任农运委员、陈启英任妇运委员、易家骥任常务委员。会议以后,大家遵照农工民主党江西省委的指示,分工合作,积极开展工作。同年4月17日,农工民主党修水县委又在修水县城查祠(现房产公司所在地)召开第三次县委会议,根据全县党员发展情况,决定将全县农工民主党组织划分为12个区党部,并确定了各区党部负责人人选与各党小组的编定工作,会后还派员到各区党部做了工作指导。随着形势的发展,至6月中旬全县共发展党小组192个,党员1240余人。至此,农工民主党成员已遍及修水全县26个乡、镇。

农工民主党修水县委建立以后,于同年4月下旬至7月23日与民主同盟修水支部团结合作,成立了"联合行动委员会",开展了组织武装、策动召开"五四"纪念大会、收集民间枪支、策反国民党军政人员、维护地方秩序、迎接解放军进军修水以及支前剿匪等工作。随即张晴窗、易家骥、熊梦吉等一批农工民主党修水县委的骨干及其他成员参加了组织江西民主自卫军第五纵队开展武装斗争的工作。民盟支部率领义宁镇、南姑、走马等乡公所武力在岗上起事,旋即向修江南岸发展。农工党支部率领溪口、马坳、上杭等乡公所武力在修江北岸响应。根据上级指示,正式把这支武装命名为"江西民主自卫军第五纵队",以南岸武力为第一支队,该支队随司令部活动于黄沙桥、沙窝里、郭城、何市、田铺、征村,奉新县的上付、日坊等地区;北岸武力为第二支队,该支队活动于马坳、大椿、港口、溪口、上杭等地区。推举平戎为纵队司令员,陈言、张晴窗、刘绍之为政治委员。

1949年6月12日,第五纵队在修水县城会师之后,农工党修水县委敦促国民政府县长吴懋松先生委派农工党员朱化龙为警察局长,接管修水县警察局武装,根据民主自卫军要求改为修水县公安队;又策反修水县民众自卫总队,修水县城的武装控制在农工党手中。国民党6642部队348师师长吴抚夷拼凑1000多人,驻漫江山区,扬言与"五纵"抗衡到底。为了瓦解这支队伍,平戎、陈言写信劝他投诚。接着,平戎、陈言、张晴窗冒着生命危险亲临虎穴,当面宣传解放军优待政策,吴抚夷最后接受"湘赣纵队"番号,6月14日将部分队伍开进县城以探听虚实。第五纵队派人秘密监视吴抚夷部的动静,发现部分军官行动可疑,及时报告解放军采取措施。6月18日,解放军令该部连以上军官在散原中学礼堂缴械,该部其余武装在五邑广场缴械。第五纵队在修水和平解放过程中发挥了重要作用。解放军进入修城后,将第五纵队缩编为一个支队,番号改称为"江西民主自卫军独立第五支队"。7月18日,正式召开改编民主自卫军第五纵队座谈会,会议商定将队伍编为解放军44军157师471团3营的独立连和10连的3排。至此,江西民主自卫军第五纵队光荣地完成了其历史使命。

回顾历史,我深感中国革命不易,统一战线是我党三大法宝之一。走进展厅,你可以聆听前辈的奔走呼号,体会革命的复杂艰辛;走出展馆,我远望滚滚东流的修河水,仿佛看到祖国的航船正以不可逆转的方式奔涌向前……

古艾风云黄泥湾

全 红

9月18日是一个特殊的日子,在这个日子来到中共赣北特委旧址——黄泥湾匡上庚屋,就有更加特殊的意义。匡上庚屋离353国道不到200米,就在渣津集镇上,小车可直达屋门口。为充分发挥红色旧址的教育作用,渣津镇党委、政府已将这里打造成一个以红色旅游景点为主体的渣津历史文化展示馆,这应当是我县乡镇的第一个历史文化展示馆。该馆于2017年9月开馆,并正式向公众开放,成为我县又一个重要的历史文化教育基地。

来到旧址前,只见"中共赣北特委旧址"几个字闪闪发光,这是1959年由修水县人民委员会设立的,还有"修水县红色标语保护屋"铭牌,这是县文化广电新闻出版局2019年9月设立的,是"省、县文化保护单位"。渣津历史文化展示馆以红色文化为主体,内分图文展示和实物陈列两大部分。图文展示有前言、古艾故都、军事要地、赣北特委、秋收起义、红色苏区、姓氏宗祠、自然景观、魅力新城等12个专栏;室内陈列有红色文化、农耕文化、生活用具、地方文化4个展室。这里浓缩了渣津深远悠长的发展历史,到这里你可以一睹古艾故都的风云。

展示馆通过修缮保护清代古民居,采取修旧如旧的方式,并多方征集相关史料和文物,历时一年半布展而成。展馆面积550多平方米。馆内以红色文化为主体,分图文展示12个专栏,展示从古艾文化到当代渣津的发展历程和各时期的典型文化。物品陈列共有四个展室:彭德怀旧居(红色文化陈列室)、农耕文化陈列室、生活用具陈列室、地方文化陈列室。现已征集文物旧物200多件,自进门左边开始,按顺时针路线参观,就可以了解渣津的历史和现状。在历次战争中,渣津曾有不少勇士积极参战而献出了宝贵生命,在土地革命时期,发生在匡上庚屋的历史则与新中国的成立紧紧关联在一起。

匡上庚屋是清嘉庆十六年(1811)匡上庚所建,因人名而命名。匡上庚

(1790—1853),渣津镇莲花村人,号锦轩,字先樟,兄弟11人,上庚排行第三,大学贡生,赐进士,候选儒学正堂。匡上庚屋,坐南朝北,占地25亩,砖木结构,前有宇门,从宇门进入到正堂,一正堂八横堂,一字排列,正堂进深29米,宽19米,高8米。现存有三重一天井,正大门两旁有六个大方窗,青石大字形窗花,楼窗扇形穿花,清晰美观,堂内有上、下两巷,巷房相连。据介绍,原来厢房和客房共有108间,现存38间,房屋整体完好,看上去显得古雅、气派。

匡上庚屋不仅是清代的传统建筑,而且它有着光荣的红色历史。1931年1月,中共赣北特委和少共赣北特委从上衫宫选屋迁来黄泥湾匡上庚屋办公(同年4月,改为中共赣北分区委)。那时,张警吾是中共特委书记,李焕是少共特委书记。2月,修水县赤色总工会第三届赤色工会委员会在匡上庚屋召开;接着,中共修水县委在该屋召开了修水县第二次党员代表大会,出席会议的代表有150人。中共赣北特委书记张警吾出席了会议。会议研究了扩大红军,巩固苏维埃政权,发展苏区经济等问题。会议根据湘委办事处决定,将中共修水中心县委改为修水县委,并选举了县委领导机构,卢振陆当选为县委书记,樊废级为组织部部长,杨寿春为宣传部部长。1931年3月,特委在匡上庚屋召开了赣北县联会议,会议分析全国革命形势与湘鄂赣边革命的关系,总结赣北开展活动情况及会后的任务,大会通过了《中共赣北联县扩大会议政治决议案》。

我们永远不会忘记同一年的9月18日晚上,日本驻中国的侵略军自行炸毁沈阳北郊柳条湖附近南满铁路的一段路轨,反诬中国军队破坏铁路,并借此突然袭击了东北军驻地北大营和沈阳城。随即在几天内日军侵占20多座城市及其周围的广大地区,东北三省全部沦陷。这就是当时震惊中外的"九一八"事变。"九一八"事变的发生,是日本帝国主义为了吞并中国、称霸亚洲及太平洋地区而采取的一个蓄谋已久的重要侵略步骤。"九一八"事变激起了全国人民的抗日怒潮。各地人民纷纷要求抗日,反对国民党政府不抵抗政策。在中国共产党的领导和影响下,东北人民奋起抵抗,开展抗日游击战争,先后涌现出东北义勇军等各种抗日武装。发生在我县匡上庚屋的故事,也是全国要求抗日、反对国民党政府不抵抗政策的缩影。

参观完毕,我们在展示馆前合影留念。我们在防空警报声中惊醒,历史不能忘记,世界还不太平,和平之路依然漫长……

红色景点

参议会址说参议

冷春晓

修水宁州古城有个参议会旧址,每次经过时总有人好奇,参议会是干什么的?参议会制度建立于何时?带着这些问题,我走进了修水县临时参议会旧址。

修水县临时参议会旧址位于县城北城区公敏巷北陈家园,原为陈氏大屋,建于清朝末期,"陈家园"地名来源于此。旧址呈角尺形,主房坐北朝南,横房坐东向西,砖土木结构,共有上、下厅堂和3个天井、20余间大小用房,中间靠天井两旁各一间厢房,四水归内,宽37米,进深24米,高7米。旧址东向临公敏巷,南向、西向临民居,北向距离凤凰山路约50米。2019年,修水县人民政府对旧址进行了修缮保护。

参议会是抗日战争时期国民政府设立的地方性代议机构,有省、县、乡三级。修水县临时参议会是抗日战争时期全国各县普遍成立的县级临时参议会之一,主要职责是反映抗日民意、提交议案和监督政府施政抗日。其前身为1941年9月28日成立的修水县行政会议,会员每乡选1名,加上县各职业团体代表,共44人,10月1日,全体会员推选5人为常驻委员会委员,万程鹏为首届县常驻委员会主任委员。1944年6月,县行政会议被撤销,成立修水县临时参议会。从全县各乡镇、职业团体推选出50人,报江西省政府决定,28人为县临时参议会议员,吴维屏任议长,邓策勋为副议长。1945年12月,县临时参议会被撤销。全县36个乡镇,每个乡镇从乡民代表中选出县参议员1名,工会、教育会各选出县参议员2名,农会、商会各选出县参议员1名,共计42人,正式成立修水县参议会,匡国棒任议长,邓策勋为副议长。1949年修水解放,县参议会解散。修水县参议会成立后,曾经为联络、组织修水各界人士开展抗日活动发挥了一定的作用。抗日战争时期,全国各地很多地方都成立了临时参议会,虽然维持时间不长,但对当时团结一致抗日,到以后成立新政权都起到了一定的作用。现在,修缮后的参议会旧址规模不小,探讨它的成立历史应有很大的历史意义。

1927年4月,国民党南京国民政府成立后,长期未对设立省民意机关做出筹划。直到1938年国民参政会成立后,不断有参政员对此提出意见,国民参政会正式做出决议,国民政府才决定各省设立省临时参议会,于同年9月26日公布了《省临时参议会组织条例》。与此同时,为了促进国共两党合作,发展抗日民族统一战线,中国共产党撤销或变更了根据地革命政权的称谓或性质,改为与国民党地方政权相同的名称,在军、政两方面接受国民党政权的领导。中共中央取消了中华苏维埃共和国的称号,于1939年1月15日召开陕甘宁边区第1届第1次参议员大会,建立陕甘宁边区参议会,作为代议制机关。大会通过了《陕甘宁边区抗战时期施政纲领》《陕甘宁边区各级参议会组织条例》等法案,选举产生了边区参议会议长、常驻会议员和边区政府、法院的负责人。

按照1941年国民政府颁布的《县参议员选举条例》,县参议员的选举方式分为区域选举和职业团体选举两种。区域选举由各乡镇民代表大会采用无记名投票方式选举产生县参议员一人,并由县参议会上报国民政府内政部备案;职业团体参议员由各法定成立的人民团体用同样方式选举产生,但所占县参议员的名额不得超过议员总额的3/10。按照1943年国民政府公布的《省县公职候选人考试法》《省县公职候选人考试法施行细则》和《省县公职候选人检核办法》,县参议员候选人必须是检核及格的甲种公职候选人。甲种公职候选人必须符合下列资格之一:(1)曾任县参议员者;(2)曾任乡镇民代表或乡镇长二年以上;(3)有委任职之国家公务员任用资格者;(4)有普通考试应考资格(中学以上学校毕业或具有同等学力经检定考试及格),并有社会服务经历三年以上者;(5)经过自治训练及格,并有社会服务经历三年以上者;(6)曾办地方公益事务三年以上者;(7)曾任职业团体或其他人民团体主要职务三年以上者,曾从事自由职业三年以上者。按照以上选举法律规定,该议员群体的资格界定标准十分清晰。

这样产生的临时参议会有一定的积极作用:一是扩大了政权的民主基础。

各级参议会不仅有共产党领导,而且有小资产阶级的党外进步分子,另外还有中等资产阶级和开明绅士(即中间派),在人数比例上大致相等,各占1/3。二是改变了革命政权的性质。"三三制"的参议会政权,是民族统一战线的抗日民主政权。这种政权是赞成抗日、赞成民主的人们的政权,是几个革命阶级联合起来对于汉奸和反动派的民主专政。它是和地主资产阶级的反革命专政有区别的,也和土地革命时期的工农民主政权有区别。三是实行了民主集中制原则。参议会为最高政权机关,政府和法院由它产生,对它负责,受它监督,边区、县、区实行代议制,每级均设参议会、政府和法院,乡一级实行"议行合一"制,由参议会代行政府职能,不另设行政机构;参议会闭会期间,由选出的常务议员(或称驻会议员)负责参议会日常事务。四是建立议员竞选制并扩大了选举范围。除反动分子和汉奸外,所有抗日爱国的各个阶层的人士,凡年满18周岁,不分阶级、民族、男女、信仰、党派、文化程度,均享有选举权和被选举权。同时,参议会议员通过竞选产生。边区参议员任期3年,县(市)议员任期2年,乡市议员任期1年。边区参议会会议每年1次,县(市)每半年1次,乡市两个月1次。

1940年3月6日,中共中央起草的题为《抗日根据地的政权问题》的党内政权建设指示一文中,首先提出了参议会政权的"三三制"原则,即在人员分配上,"共产党员占1/3,非党的左派进步分子占1/3,不左不右的中间派占1/3"。此后,具有统一战线性质的"三三制"政权在敌后各抗日根据地相继建立起来。"三三制"政权作为一种统一战线性质的抗日民主政权,从制度上为党外人士进入政权并占有一定比例提供了保障。这对进一步巩固和扩大抗日民族统一战线,争取和团结各阶级、阶层、党派和团体参与抗战,最终夺取抗日战争的彻底胜利,具有重要历史意义。

抗日根据地的参议会,虽然采用了国民党参议会的名称,但它们之间有着本质的不同。组织各阶层的力量参加参议会,议决重大问题,对团结一切抗日力量,打击日本侵略者,起到了积极作用。这种在抗日战争特定历史时期所采取的政治制度,继承了苏维埃代表大会制度的基本原则,同时又发展和扩大了民主范围,为后来的人民代表大会制度的确立提供了丰富的经验。

同心同行中国梦

吴铭仁

每次走进紫花墩,总被修水散原中学的厚重历史所感动。"散原中学"校名是为纪念修水籍文化名人、"同光体"诗派领袖、爱国志士陈散原先生而命名的,历史在这里打上了特有的红色烙印,根植着神圣的红色基因,特别让人关注的是江西民盟传统教育基地就建在这里。

1927年9月9日,工农革命军第一师第一团在学校操场(紫花墩)集会,正式宣布起义,打响了秋收起义的第一枪;第一面工农革命军军旗在修水县城冉冉升起。1949年2月,中国民主同盟江西省临时支部工作委员会委员陈言受命来修水组织革命武装斗争,在这里组建了民盟修水县支部,并在散原中学发展了第一批盟员。因为民盟修水县支部率先成立,并且民盟在修水和平解放中发挥了重要作用,我县在这里建立了江西民盟传统教育基地。我从这个基地中深切体会到了中国民主同盟与中国共产党"同心同行中国梦"的光辉历史与灿烂未来。

江西民盟传统教育基地位于散原中学图书馆的三楼,主要内容包括中国民盟简介及民盟中央历任、现任主席;江西民盟简介及江西民盟历任、现任主委;修水民盟简介及江西民主自卫军第五纵队建立及活动情况;修水剿匪及改编民主自卫军纪实;民盟大事记;永远在路上(含参政议政、社会服务等),比较系统地介绍了民盟在修水建立发展的历史、在修水和平解放中的作用以及恢复修水支部后在建设修水中的参政议政、同心同行、共筑中国梦的贡献。

1949年2月,陈言受命来修水组织革命武装斗争,以配合人民解放军渡江南下,解放全中国。当时,辽沈、淮海、平津三大战役已胜利结束,人民解放战争以摧枯拉朽之势横扫蒋家王朝,但国民党反动统治集团困兽犹斗,一些失败的国民党反动武装纷纷逃亡修水,盘踞在修水的国民党6642部队新编348师师长吴抚夷、湘赣边区剿匪指挥官陈士元等也狗急跳墙,妄图做垂死挣扎,原国民党南京下关警察局局长余轶群此时突然回到程坊老家,险恶的形势对修水解放不利,急需民盟发挥在共产党与国民党之间的协调作用。

陈言同志首先找到在修水县中教书的徐世凡,并把一些重要文件递给他看,其中有《新民主主义论》《论联合政府》等重要文章和《中国民主同盟章程》,并同他商量在修水发展民盟组织,开展民盟工作等问题。当晚,县中教师刘绍之、陈造新、邹道麻、万程鹏、张国华和散原中学教师陈淑文等人在他的寓所——凌祠开了个小会。会上,陈言同志概述了国共两党和谈破裂后的形势和民盟的政治主张及其领导人的情况。当晚,到会的都表示愿意入盟,随即在陈言同志的指导下建立了民盟修水县支部,推定陈造新(又名陈晓霞)为主任委员,徐世凡任组织委员,刘绍之任宣传委员,邹道照、陈淑文为委员(后来樊朝瑞也推为支部委员)。县支部建立后,首先在修水县中、省立散原中学和县城小学教师中发展了一批盟员。为了开展学生运动,在散原中学高中学生中吸收了少量学生加入盟组织。之后,为配合在农村组织武装斗争,民盟组织在国民党县政府所属机构和部分乡镇的中、下层公务人员以及开明人士中发展了一些盟员,四个月中发展盟员200人左右。

在开展组织工作的同时,民盟支部抓紧了宣传鼓动工作。陈言同志带来的文件,如《新民主主义论》《论联合政府》、解放军《三大纪律、八项注意》和后来南昌寄来的《中国人民解放军布告》《关于工商业政策》等文件,在县城"义成石印店"翻印出来,在城乡散发。1949年5月4日在国民党县政府右侧空场上(原中山公园、现烈士馆至宁河戏剧团旁一带)举行了"五四"纪念大会,参加大会的主要是修中、散中、茶叶职业学校三校师生以及县城四所小学的师生,加上万家坊救火队和市民约2000余人。大会发表了书面宣言,阐述了"五四"爱国运动的精神,谴责了国民党当局的独裁专制、祸国殃民的反动政策,提出了"反征兵、反征粮、反剥削、反迫害、反饥饿"和"争自由、争民主、争生存"等战斗口号。大会由三校学生会组成的联合主席团主持。散中学生会主席熊亦斌、散中学生代表黄群模、修中学生代表李修琼先后在会上讲话。散中校长姚光华、修中校长李凌鹤应邀在会上讲了话,还邀请了代理县长徐士俊和国民党县政府全体公职人员参加。会后,举行了声势浩大的游行示威。游行队伍高举"反征兵、反征粮"的大幅标语牌,高呼着"独裁必败,民主必胜""反榨取、反迫害""反对保甲制度""打倒一切反动派"等口号,高唱着"你是灯塔,照耀着黎明前的海洋"和"团结就是力量"的雄壮歌曲,昂首挺胸,由东门往西门前行。游行队伍穿过街道时,两旁群众报以会心的微笑,表示热烈的支持。会后,把大会宣言和修中学生代表李修琼的讲话翻印了几百份,通过修中、散中两校学生散发或邮寄到铜鼓、武宁、通城、平江等地,其影响远远超过了修水一县的范围。

陈言同志到修水不久,即隐蔽在走马乡竹塅陈散原老家,和修水农工党一道联合组织革命武装斗争。1949年4月下旬,通过事先秘密工作,他联系农工民主党修水县负责人张晴窗等同志,在修水召开了两民主党派负责人参加的联席会议,成立了七人组成的修水两党"联合行动委员会",具体指导和协调两党发展组织和联合开展武装斗争事宜。民盟率领义宁镇、南姑、走马等乡公所武力在岗上起事,旋即向修江南岸发展。同时,农工民主党修水县委负责人之一易家骥率领溪口、马坳、上杭等乡公所武力在修江北岸响应。同年5月20日,根据上级指示,正式把这支武装命名为"江西民主自卫军第五纵队",以南岸武力为第一支队,该支队随司令部活动于黄沙桥、沙窝里、郭城、何市、田铺、征村,奉新县的上付、日坊等地区;北岸武力为第二支队,该支队活动于马坳、大椿、港口、溪口、上杭等地区;推举当过国民党的县长平戎为纵队司令员。陈言、张晴窗、刘绍之为政治委员。一支队负责人职务由纵队负责人兼任,二支队由周南琼任司令员,易家骥任政委。大概不到一个月的时间,有五个乡镇的民盟小组以迅雷不及掩耳之势收缴了国民党乡公所和地主豪绅的枪支,如何市乡盟员王次获等动员一批青壮农民在一个晚上袭击了国民党乡公所,收缴枪支40余支。接着,江西民主自卫军第五纵队把这批农民编为一个中队,进行操练,纵队司令部也移驻这个乡的石坡。

1949年5月,九江、武宁相继解放,国民党军纷纷狼狈逃窜,国民党修水县政府及其所属机关也进入高城源山区躲避,修水县城秩序混乱,人心惶惶。6月12日,第五纵队一、二支队在修水南北两岸会师,没发一枪,顺利进入县城,城里人民燃放鞭炮欢迎。第五纵队一边安定秩序,稳定人心,一边打电话劝国民党

修水县政府机关回城办公,并向全县国民党各乡公所发布命令,要他们妥善保管所有弹药及文卷印信,听候处理。同时,还派出魏伯平前往武宁与解放军取得联系,并在武宁渣溪和解放军43军129师联系上,在县城做好了迎接解放军进城的准备工作,国民党修水县政府及其所属机关也于14日回到了县城照常办公,等待解放军前来接收。

1949年6月16日,人民解放军由三都进入县城。民盟支部联合县城工农学商各界在衙前广场举行庆祝解放大会。解放军129师386团政治处主任唐占印带一个连队参加大会。大会由盟支部主委陈造新主持。会后,到会的解放军同群众一道参加了庆祝解放大游行。为配合解放军进军湖南,民盟支部做了一些"支前"工作。首先,响应驻城解放军的号召,动员了一批40多名中学生参军。民盟支部还办了一个油印的小报《光明简报》。修水解放后,修水民盟组织因完成了当时的历史使命就停止了活动。

2013年5月31日,民盟修水支部恢复成立,县政协副主席陈音霞担任民盟修水支部主委,修水民盟组织有了主心骨,积极开展"不忘合作初心,继续携手前进"的主题教育活动,关注社会发展的焦点、热点问题,深入调查研究,认真履行职责,积极参政议政,实施"超天使工程"和"烛光行动",为实现中国梦而贡献力量。

江西民盟传统教育基地吸引着各地盟员来此学习,也激励着盟员与中国共产党同心同行,共同实现中国梦……

高风犹唱霜秋树

卢曙光

深秋的一天,晴空万里,秋风送爽,我穿行在云雾缭绕的山水中,经罗湾、走箬溪、过统一桥、登红白交界的暗坑口,进入原卢坊区的回坑、小流苏区,也就是现在的新湾乡。

在噪口,苏维埃政府旧址让我们重温历史;在回坑,保护完整的廊桥、绣花楼古建筑,让我们感受经典;在南茶,万顷碧波的南茶水库使我们激动万分。抗战期间,参加长沙会战、上高会战的国民革命军 30 集团军和湘鄂赣挺进军先后驻扎这里。更令人惊喜的是,新湾这个只有 120 平方公里的偏远山乡,有众多的古石桥、寺庙、古塔、民居等建筑,远溯唐宋,近追晚清,其中最著名的当属回坑廊桥与绣花楼。走在麻田到乡政府的路上,短短几公里,古石桥接二连三,苍黑的拱桥长满了爬山虎与石榴,它们静静地卧在大山深处,千百年来无私地奉献自己,为当地山民提供方便。新修的公路,虽然渐渐代替了它的功能,但曾经的风霜岁月之痕,是一道无法复制的风景。

站在小流蛇麻地老柞树下,我们一行人心情沉重。秋风瑟瑟,枝叶飘零。苍穹之下,薄雾朦胧,眼前这株伤痕累累 200 年的老树,伴着烈士后代的泪诉,仿佛把我们带到了那个血与火的年代。小流村紧邻武宁东林,当时修武崇通县委驻通山的冷水坪,小流作为中心区域之一,有着重要的战略位置。彭德怀、江渭清、焦子英等共产党人,都曾在这里浴血奋战。这个在新中国成立前人口不满 600,只有刘、鲁、李等几姓人家的村庄,曾做出过巨大的牺牲。

1932 年 11 月 28 日,也就是在这株柞树下,吴敬臣等七位烈士在这里壮烈牺牲。那时农民运动正波及这个沉睡的山村,民团团长刘耀珠利用农协警惕性不高、族姓亲情作诱饵,把全村老少骗至关帝庙开会,然后把大门一关开始清党,民团杀气腾腾,七个农会干部措手不及,不幸被捕,但他们不屈不挠,当天在柞树下英勇就义。有个姓吴的农会干部刚进关帝庙时,发现情况不对,急中生智,把藏身公章放在屋檐下,使之躲过这次危机。这枚公章一直到新中国成立后才被发现,成为修水烈士纪念馆馆藏文物。在当天遇难的七人中,其中有刘氏三兄弟,他们就是新中国成立后小流村第一任党支部书记刘寿康的伯父与叔父。民团很残忍,当时其中一人因大声怒斥,敌人便用鸟铳从肛门开枪,因不能立即毙命,疼痛难忍,这位志士高叫"快补枪",最后被活活折磨死。

国民党军队发动的第四次围剿,使修水苏区逐渐缩小,马坳、大桥、光华、卢坊4个区大部分被敌军占领,红军被迫进行艰苦卓绝的游击战,游击队长年昼伏夜出,消息闭塞。小流21岁的青年战士刘成才,到东林打探情报,在东林乡桥正港被民团认出,保安团长徐高攀为获取口供,严刑拷打,但一无所获,最后把他的四肢钉在门板上,用磨石将其压住,灭绝人性地将其心肝挖出,这是1932年夏小流村发生的另一个骇人听闻的事件。给我们叙述的是烈士刘成才的亲孙子刘兴仁,曾任小流支部书记与村干部多年。他站在关帝庙前,诉说着他的家史、小流的村史、大革命的风云史。

抚摸着虬枝屈曲、傲然挺立的老柞树,山风阵阵,像是声声呜咽,丹红百里,像是烈士血染,清澈的流水告诉人们那段历史并未远去。"当年鏖战急,弹洞前村壁""砍头不要紧,只要主义真""记取章江门外血,他年化作杜鹃红"的铮铮诗句,又回响在耳边。在修水的版图上,小流虽只是一个小村、一个小点,却是一个缩影,在4800平方公里的土地上,在那个开天辟地的年代,修水人民可谓壮怀激烈,可歌可泣。

新湾,是我神往多年的地方,早就听闻素湍绿潭、回清倒影、亭台楼阁、池馆水榭镶嵌在青松翠柏之中,而亲睹小桥流水、藤萝翠竹点缀其间,更倍感其灵秀。但关帝庙前的老柞树,却在脑海中挥之不去,尽管这栋建于咸丰壬子秋月的庙宇,已找不到武圣的影子,但是那墙壁上的弹孔还在,它像一位历史老人,默默地面对青山绿水,见证着美丽新湾的过去、现在和未来。

红 色 故 事

军旗猎猎出修城

傅之因

1927年9月9日早晨,在一轮喷薄而出的红日霞光辉映下,一面鲜艳的军旗迎着晨风在古老的修水山城升起。

此时,铺门打开了,商家、菜农、做工的、赶集的,横街岔巷,人来人往,沉睡的山城又热闹起来了。

"啊!一面崭新的红旗!"

人们随着喧嚷声翘首张望:"是工农革命军第一军第一师的旗子。"

他们先前不是叫江西省防军吗?这事,还得从头讲起。

这支部队原称"国民革命军第四集团军第二方面军警卫团",下辖三个营,是当时我党掌握的一支革命武装,共产党员卢德铭任团长。这年夏天,轰轰烈烈的大革命失败,党中央为挽救革命,决定发动南昌起义和秋收起义。

8月初,他们接到上级命令,怀着对蒋、汪反革命大屠杀的深仇大恨,对陈独秀右倾投降主义的满腔怒火,自武汉乘船东下,开赴南昌参加起义。船到黄石港附近,发现前面有张发奎的反动军队布防,便改道在黄颡口登陆,取道阳新,经武宁、靖安到奉新。因追赶不上起义部队,他们毅然决定到修水这个湘鄂赣"三不管"且工农运动基础较好的地方休整待命。

8月12日,警卫团进入修水后,便同平、浏工农义勇队与崇阳、通城农民自卫军合在一起。为了麻痹江西军阀朱培德,避免反动军队的追击,取得缓冲作用,以筹措军需,养精蓄锐,警卫团便暂时对外称"江西省防军暂编第一师"的番号。

此时,警卫团已接到中央军事部要他们积极准备参加秋收起义的通知。全体官兵一面加紧操练,同时集中县城优秀缝纫工赶制军服。师部参谋何长工与副官杨立三还奉命在师部(商会)设计了红五星上缀着黑色镰刀斧头的军旗图案,请缝纫工赶制了军旗。9月初召开了建军编师山口会议,将警卫团与平、浏、崇、通及修水农军合编为一师,师长余洒度,副师长余贲民。各部部队厉兵秣马,待命出发。

"打打的的",这极不平常的嘹亮的军号声终于在9月9日清晨的修水山城回响。此时,在灿烂的阳光下,从紫花墩、商会、凤巘书院跑出来一队队身穿灰军服、肩荷钢枪、大刀的士兵,都齐刷刷地向练兵场集合。

整装待发前,师长余洒度做了简短讲演,将标志起义的红识别带庄重地发给每一位战士。同志们激动地振臂高呼:"红色领带系在颈,只顾革命不顾生!""暴动,打倒国民党反动派!"

条条标语,代表了修水人民的呼声;句句口号,成为投向敌人的炸弹。土豪劣绅眼见今日风势不同,龟缩起来惶惶不可终日。庶民百姓听说这支共产党的队伍要起义了,喜笑颜开,奔走相告,纷纷来向部队告别。

修水这条沿河而建的山城街道两旁,很快站满了依依惜别的人群。有的端来菊花茶,有的送上炒米花,一位老态龙钟的婆婆提了一手巾煮熟的腌鸡蛋站在路边,硬要塞给擦身而过的革命军战士:"老总,吃吧!要不是你们赶跑邱国轩的土匪兵,县城还要遭殃!"

老婆婆这句深情的话语,一下子把人们带进了二十几天前的回忆:

"这些老总确实是义兵,那天赶跑土匪进城,不敲店门、不住民房,悄悄地来到商会、凤巘书院歇脚!"

"从此,他们每日三操两讲,在紫花墩、马家洲练兵,总是一身泥一身汗,真辛苦呀!"

"岂止是练兵?还支持农民革命,到西乡去打土豪呢!"

在人们"啧啧"的称赞声中,一个叫老余的伙计从人群中挤出来:"打土豪我

知道,是我们西乡余经邦带路的!"说着,他撩开对襟袄,讲开了,"你们知道西乡曹家吗?他家高墙大院,驴马成群,有专门欺压百姓的家丁、打手,他们配有洋枪、鸟铳,西乡人叫他曹老虎。7月间,仁、西两乡千余农民暴动都没打进去,这次,革命军来帮忙,一下就打进去了,把粮食财物都搬出来分给了农民,把那些账簿地契一把火烧掉了,真解恨!"

另一大汉接着说:"这样的队伍谁不敬重?他们设的招兵站,许多人都去报名当兵!"

另一老人接上话茬:"是啊!西乡的丁长盛还带了一支农民军参加了这支起义部队呢!"

说话间,丁长盛来到了跟前,他在队伍里向两旁的乡亲频频点头挥手致意。这时,忽然有人手一指:"咦!他后面怎么还有那么多法警队呢?"

"啊!他们弃暗投明,跟随部队一道起义了!"一位戴眼镜的老教师激动地回答。

这天,修水县城里的工农商学各界群众都赶来送别,一直送出西门,队伍远去了,人们还踮起双脚远眺。那面猎猎军旗像一团火,向旧世界烧去……

红 色 故 事

秋收起义在修水

赖 毅

大革命失败后,毛泽东同志亲自发动和组织了秋收起义。我在修水参加了这一伟大的革命运动,并在向井冈山进军途中的酃县(现炎陵县)水口光荣地加入了中国共产党,成为无产阶级先锋队队伍中的一员。虽然事隔几十年,但至今回忆起来,我仍感到无上的光荣和幸福。

1926年我参加了北伐战争,在北伐军中搞宣传工作,并受军训半年。随北伐军攻克武汉后,看见到处都贴着标语,这里欢迎蒋介石,那里欢迎汪精卫,还有欢迎什么张静江,心里就很不是滋味。不久,宁、汉分裂对立,部队中的党代表也都不存在了。我看到这些情况不对,就愤然离开部队,回到家乡湖南平江,组织农民自卫军,搞工农运动。

1927年7月,余贲民带领平江工农义勇军到修水和浏阳的工农义勇军汇合,编为贺龙的二十军独立团,去参加"八一"南昌起义,我被留在乡下搞地方工作。不久,形势进一步恶化,在乡下待不住了,就经平江的龙门场、修水的渣津、马坳到了修水县城。同我一起到修水的有三个人,都是党留下来搞农运工作的干部。当我们走进这座依山傍水、风景秀丽的山城时,在不很远的地方,就有几个苍劲有力的大字:新兵招募站。这是党领导下的武汉警卫团和平江工农义勇队,因来不及赶上南昌"八一"起义部队而返回修水驻扎。我真是喜出望外,很快就报了名,真有点像孩子回到了久别的母亲身旁,心中充满了无限的喜悦和依偎之情。

我刚到修水时,开始分在二连当兵。因我在北伐军中受过一定的军事训练,军事基础知识掌握了一些,三天后就被抽调到特务连当班长。特务连是驻扎在离师部不远的冷家祠堂里,是由湖北崇阳、通城两县农军组成的。连长是谭希林同志,党代表是罗荣桓同志,连部驻扎在下堂前进门右边的一个房间里。

当时生活是很艰苦的,连长他们下门板睡觉,我们这些战士就铺些稻草,分班、排睡在地上,被子是用灰色布做的夹被。我到修水住了十几天后,就举行了秋收起义。

部队在修水驻扎期间,在修水的西乡打了一个姓曹的大土豪,是派李腾芳同志带一部分战士去的。去了几天就打下来了,缴获了很多的粮食、钱,还有几匹马。除一部分留作军饷外,大部分给了穷苦老百姓。我记得在修水主要是搞军事训练,因为部队包括武汉警卫团和各县的工农义勇军,军事素质较差,天天三操两讲(三操指早上、上午、下午出操;二讲指上、下午各一堂军事或政治课)。军事训练内容除队列训练外,还有瞄准射击,投弹拼刺刀。训练地点以连为单位,在各连驻扎地的操场或比较开阔的地方。政治课除讲授革命道理外,还教唱一些革命歌曲。我们的连长谭希林同志是个年轻人,爱动、爱唱,整天蹦蹦跳跳,他就经常教我们唱歌。我记得当时最爱唱的歌有《国际歌》《少年先锋队歌》和《工农暴动歌》。

驻扎修水的师部和一团武器装备是齐全的,战士使用的全部是汉阳造七九式步枪,各营、连还配备有轻重机枪。部队的给养,一是武汉警卫团从武汉带来了一些,二是在修水打土豪分了一些,三是县城商会筹了一些款买的。我们在修水添置了大批衣被,从头到脚穿的是灰色军装。部队还有几匹马,首长们很少骑,常常拿来驮东西或给伤病员骑。

武汉警卫团和平江农军在修水驻扎有一个月左右的时间,开始是以"国民革命军江西省防军暂编第一师"的名义驻扎的。用这个番号,主要是缓和同江西军阀朱培德的关系。当时用的印鉴是长方形的,我刚到修水时从余洒度、余贲民二人签署的布告上看到的。

起义前夕,工农革命军第一军第一师诞生了。部队的编制是三三制,一团三营,一营三连,师直属机关有特务连,还有副官处、参谋处、军需处、军械处、医务处等几大处。师部还根据上级指示,设计制作了军旗,师、团、营、连都有,只是大小有别。中间是一个黄五角星,五角星上是黑色镰刀斧头,旗杆旁写着"工农革命军第一军第一师×团×营×连"字样。每面旗子还有一个油布套子。起义的战士每人发了一条红布做的识别带。

9月9日，部队从修水起义出发，当时，准备打长沙，是在平江龙门过的中秋节。前头部队到距长寿不远的金坪时，遇到改编的第四团邱国轩部的叛变袭击，与之同行的一团二营被冲散了。我们师部和一团的一、三营便立即改道行军，到官舍宿营。在这里收集了被冲散的二营的部分战士。第二天部队便到了黄金洞。后来从黄金洞到了修水的台庄，后又经铜鼓的山溪坳到了离文家市不远的地方和三团汇合了。听说三团在东门也遭到敌人的袭击，受了一些损失。这时部队的士气低落，19日到了文家市。在文家市里仁小学操场上召开了几支部队的会师大会，毛泽东同志在会上讲了话。听了毛委员的讲话，士气又高涨起来，士兵坚定了革命胜利的信心，觉得革命又有了方向。第二天毛委员就带领我们向井冈山进军了。途中我们在芦溪打了一仗，后到鄢县水口，休息了六天。在水口，前敌委员会为了加强党的领导，发挥党组织的作用，根据起义后战士们的表现，发展了一批同志入党。我记得毛委员亲自在水口一条小街上的一个祠堂里，带领我们举行了入党仪式。

在水口，余洒度认为当师长没什么意思，谁也不理，就大摇大摆地走掉了。经过哨口时哨兵把他扣留下来，认为他是个师长，不好怎么样，只好报告毛委员。毛委员说：要走就让他走，他不愿干就算了。余洒度就这样脱离了革命队伍。

以后到三湾改编，毛委员决定在连队建立党支部，确定了党对军队的绝对领导，奠定了新型军队的基础。就这样，工农革命军经过千里转战，终于在1927年10月27日，胜利到达茨坪，将革命红旗插上了井冈山，创建了中国第一块农村革命根据地。从此，中国革命就沿着毛主席指引的航向一步一步走向胜利。

何参谋筹粮趣事

李 平

1927年8月间,国民革命军第四集团军第二方面军警卫团、平江、浏阳工农义勇队、安源工人自卫队,根据党中央的指示,组建成工农革命军第一军第一师,其中师部和第一团驻扎在修水,准备迎接秋收暴动。为筹集军需,取得休整机会,也为麻痹江西军阀朱培德,部队对外称为"江西省防军暂编第一师",并在省防军的旗号下征粮收税、厉兵秣马、养精蓄锐,进行战前准备。

由于部队纪律严明,秋毫无犯,深受群众爱戴,连日来,修水各界民众杀猪宰羊,送钱送菜,慰劳子弟兵,各群众组织和姓氏祠堂也自动开仓捐粮捐款,部队厉兵秣马、筹集军需工作进展十分顺利。

可是有一天,师部接到筹粮的官兵报告:城郊何家宗祠有公田百余亩,每年屯粮上千石,据说目前祠堂仓满粮丰,是个较富裕的宗祠,可是当军需官到此筹粮时,族长总推说连年歉收,祠堂现已无粮,眼下村里的贫困人家,祠堂想予救济都没有着落,更没有粮食充作军粮,军需官也无可奈何。

站在一旁的师部何长工参谋听到这一情况后,觉得这事有些蹊跷:"几天来听说筹粮均很顺利,今天怎么会有粮却筹不到呢?这里面必有什么缘故。"他在心里思忖道:既然是何家祠堂,我不妨以本姓的身份去试一试,看看是否有效。

第二天,他向值班的参谋打了个招呼,独自朝城郊何家而去。

到了何家,他并未直接去找何家族老们,而是先找了几位何氏百姓拉拉家常。

山里的百姓有个特点:外人在家做客,对客人总是敬而远之。因何参谋是外乡口音,主人们自然也是既尊敬而又不愿过分接近,起初他们之间的交谈显得十分别扭,后来晓得了同属本姓共宗,慢慢地也就亲近了许多,讲话也显得随和而不拘谨了。他们从田产、家境聊到粮食丰收,又从人缘风俗聊到宗内宗外,海阔天空,无所不谈。

从无趣的闲聊里,何参谋终于悟出了此处难以筹粮的缘故所在:原来这一带封建宗派观念十分浓厚,同时,祖宗还订下个规矩,叫作"肥水不流外姓,五谷不养外人",是典型的封建思想。俗话说"国有国法,家有家规",有这祖上传下的清规戒律,外姓人怎能进得了。

何参谋弄清了情况,认为利用他们的宗派观念和自己的同宗优势试一试,兴许筹粮还会有点希望。主意已定,何参谋决定先找族长试试。

在乡民的引见下,何参谋来到族长家,在相互寒暄问候过后,双方在堂前落座,家人敬上大碗茶和水烟筒。茶烟过后,双方互相通报了年庚、宗氏和派号,真是无巧不成书,原来何参谋与族长不但同宗,而且同派。虽然族长年长许多,但按宗族规定,同辈分人只能以兄弟相称,故族长称何参谋为族弟,而何参谋则称族长为族兄。

族长名叫何德山,他执掌着宗祠的最高权力,看上去只有六十五六岁年纪,但两鬓早已染上了白霜,下巴上留着白花花的山羊胡子,足足有半尺长,藏青色洋布马褂上罩着一件丝绸背心,脚穿硬底尖口布鞋,手上端个黄铜水烟筒,个子不高也不算很矮,但显得很有精神,讲起话来摇头晃脑,拖声拖气的,显示出一副十足的乡村绅士派头。

"族弟远走他乡,从军在外,可放得下家中老小?"族长关心地问何参谋。

"族兄有所不知,小弟自幼父母双亡,靠族人的接济长大,直至如今尚未婚配。"何参谋直言相答。

"族人有难,族里理该接济,此乃何氏祖宗自古传下的美德嘛。"族长边说边摇晃着满是银发的脑袋,忽然他话锋一转,问道,"不知族弟今日光临本祠有何指教?"

"不瞒你说,今日专门拜访,是想依托同族的情面为部队筹些军粮,不知族兄肯否帮此一忙?"何参谋直截了当地说明了来意。

"老弟呀,别的事均好商量,唯有此事难以如愿。昨天也来了几个弟兄筹粮,我均已拒绝了他们,并非本族兄不通人情,实乃因祖宗立下个规矩:'肥水不流外姓,五谷不养外人。'虽说你老弟也是本家,但军队上是百姓俱全,必是外姓

063

见多唉。"未等何参谋音落,老族长早已有言在先。

话里听音,何参谋觉得现在多言此事,必是利少弊多,弄不好还会把关系搞僵,何不来个迂回战术而由远入近呢?!他知道修水的百姓对原驻黔军深恶痛绝,便以此作为缺口:"当然啰,祠堂立下的规矩是难以轻易变更的,不过,要是碰到那些不讲理的外人,这种规矩恐怕是难以守住啰。"

"我们何家历来是团结一心,不被外人欺侮的。"族长不以为然地答道。

"听说原先驻防修水的黔军,在他们的驻地作恶多端,祸国殃民,不知是否也祸及这里。"何参谋明知故问道。

"唉,谈起那批家伙,真是一帮土匪、王八蛋,光是我们何家就有三十多家遭他们糟蹋,有的人家谷子给他们抢了,有的人家猪被他们抢去了,还有的人家遭劫后如同被大水冲过一样,何家人真恨不得扒他们的皮,抽他们的筋呢。"谈起黔军的作恶,老族长似乎很愤怒,讲起话来早已顾不得那绅士的气度了。

"是呀,城里人提起这帮土匪也都是个个咬牙切齿的,那帮家伙不但抢夺财物,还奸淫妇女,真是十恶不赦。"何参谋接过话茬,对此无不痛恨之至。

"那些王八蛋都会不得好死!"老族长的牙齿咬得格格响。

"凡是干那种祸国殃民、伤天害理之事的人都不会有好下场。"何参谋补充道。

"如今你们来了就好了,有你们在此保境安民,我们乡人就放心了。"老族长显得舒心多了,接着往下说,"自从你们的军队来了这里,都说你们是些好兵,说你们的官兵不但不扰民,而且还为民除害,前些日子除掉王大麻子,乡民们无不拍手称快。"

"是啊,驻在修水的土匪被我们赶跑了,但其他地方的匪军还在那里作恶。"何参谋见交谈有了进展,内心一阵喜悦,便趁着老族长的兴头往下说,"我们还应消灭天下所有的土匪,只有这样,日子才会真正过得安宁,否则,他们还会转回来,百姓还会遭殃。族兄,你说我讲得对吗?"

"对!对!对!毕竟是见过大世面的,讲得对极了。"老族长连连点头称是。

"土匪一天不消灭,祖宗的规矩就有一天遭践踏的危险。"何参谋再进一步地说。

"是啊,不把他们全部消灭,他们还会来害人。"老族长觉得何参谋讲得有点道理。

"如今,我们正在厉兵秣马,扩军整训,筹备军粮,准备打大仗,消灭更多的土匪。"何参谋继续说道。

"对!要多消灭土匪,就要多招些兵,把兵练得棒棒的,多打几个王八蛋,也多为百姓造点福。"老族长越说越激动。

"族兄,那军粮一事……"

"族弟别说了,让我与祠堂上几个族老商议商议,明天就送粮进城,你就等着接粮进仓吧。"

第二天中午时分,一艘满载着五百担军粮的大木船,在老族长的引导下,稳稳地停到了县城青云门口。

军民破曹奏凯歌

傅之因

1927年8月27日下午,暴风雨刚过,凤凰山下的紫花墩上暑热未退,一队队工农革命军战士便在水渍泥泞的场地上练起武来,正操练间,忽见一人从衙前疾步走来,声称要见余师长。师长余洒度此时正站立一旁指导训练,听说有老乡找他,朝来人一看,只见那人瘦瘦的身材,踏着麻单鞋的脚上沾满泥巴。可以看出,这人是赶路来报告什么紧急情况的。一两句交谈,余师长觉得此地非说话之处,便将来人带到商会师部询问情况。

来人叫余经邦,修水西乡农民运动负责人,此次是来县搬兵打曹家的。

曹家是修水西乡有名的大地主庄园,人称湘赣边界土皇帝曹老虎的曹江陵,亲朋好友都是政府官员或地方劣绅。在那高墙厚壁的庄园里,粮仓马厩数套,家丁打手成群,有钱有势。曹家常摇着大拇指自诩:"我曹家文不向外借笔,武不向外借枪,簸箕大一个'曹'家,天塌下来也压不倒。"

于是,他们横行乡里,催租逼债,迫得贫苦农民走投无路,家破人亡。西乡群众对曹家恨之入骨,多次合计要端掉这个封建堡垒。

8月10日,曹家人借着"马日事变"的妖风,打死两名农运的骨干。至此,西乡人民憋在心头的怒火一下像火山爆发了。一时锣声当当,喊声四起,仁、西、崇乡数千农民暴动,手持马刀打棍纷纷杀向曹家。但是曹家早有戒备,曹家一阵排枪射来,那些未经训练的农民一时乱了阵脚,无法招架,只好收兵。

曹家一时获胜,气焰更加嚣张,又夸海口:"三乡一阵锣,只打烂曹家一只屋角,天不灭'曹'也!"曹家还声称要活捉余经邦。

余洒度听罢,怒不可遏,当即召集师部营以上的军官进商会议事。众人听说此事,顿时怒从心头起,纷纷请战,要去惩治那只曹老虎。余洒度当下决定派二营营长李腾芳率部前往西乡支援农民再打曹家。

李营长得令,当即传令全营在一团驻地凤巘书院门口紧急集合。他简短地进行战前动员:"同志们,我们是工农的革命军,理应与工农同甘共苦。现在修水西乡有一个欺压百姓、鱼肉乡民的封建堡垒,我们能容忍它存在吗?"众兵士高呼:"敲掉它!""敲掉它!""肃清土豪乡绅与一切反革命分子!""农村政权属于农民协会!"

义愤填膺的全体官兵,一个个摩拳擦掌要求立即打到西乡去。

当天下午一行三百余人浩浩荡荡向西乡进发,一个急行军走到太阳偏西,部队来到渣津桥头。正要进街,忽见一乡绅拦路告状,李营长急问:"你有什么冤枉?"那绅士摇着羽毛扇:"报告长官,我们西乡闹共产。余经邦领着惰农暴乱打我们曹家,请派兵前去镇压!"余经邦一听,气得双眼在冒火星。他分开众人疾步上前揪住那绅士:"你这只曹老虎,恶人先告状啦!"曹万安见状,早已吓得魂不附体,颤抖的手指着余经邦:"他,他就是……"李营长问明情由,不禁呵呵大笑:"你找错门啦,到阎王老子那儿去告状吧!"说毕,他一挥手,一名战士将曹万安推到桥下沙洲里"砰砰"两枪,结束了他的狗命。

李营长率领全营人马在渣津街上稍事休息继续赶路,当晚在路口宿营,第二天刚亮部队就赶到了全丰。

三乡农民闻讯后潮水般从四面八方涌来。他们和工农革命军汇合在一起,分三路向曹家进攻。左翼走费尔墩从曹江陵屋背进,断其后路;右翼走苦菜窝,从正面攻击;中翼走大路,直插塔下。三路人马同时开火,主攻曹氏庄园。

这一下,军民两支队伍混合作战。一支是训练有素、装备齐全的正规军,一支是熟知内情的农民暴动队伍,士气高昂,十分骁勇。一时间枪声四起,杀声震天。曹家起初还想负隅顽抗,一看情况不对,个个吓得六神无主,无法招架。此时,庄园打开了缺口,众人潮水一样涌进去。霎时,曹家大院挤满了暴动群众和工农革命战士,他们押出了曹家一些手下人,却偏偏不见了曹家几个领头的。此时,只见曹家长工余昌道叫道:"大家跟我来!"他把几位战士带到天井边,搬开一块石板,现出了大涵管(下水道),曹家未外出的曹希圣、曹颂如、曹心玲等几名恶棍都躲在这麻石砌的涵管里,被抓了起来。

曹家这个封建堡垒被敲,下源的曹庄丰、全丰的曹礼成如惊弓之鸟,早已闻讯溜走。这一仗大获全胜,缴获枪12支、鸟铳64支、檀树炮2门、马4匹。粮食、布匹、金银、细软等分给农民群众,烧掉契约、账簿。

全丰墩里的上源、下源、余家湾,一河两岸的群众奔走相告,欢庆胜利,就像办喜事一样,杀猪宰羊,款待革命军战士。

红色故事

自卫队长脱虎口

徐冀野

1927年冬天的一个夜晚,没有月亮,没有星星,黑沉沉的天像一口大锅扣在人们的头上,除了狂风怒吼的声音外,大地一片死寂。此时,修水县下衫朱家祠堂内残灯尚明,闪动的灯光照着一个五花大绑的年轻人。此人身材高大,浓黑的眉毛向上挑起,眼光炯炯有神地注视着旁边两个拿枪打瞌睡的士兵。他就是当时赫赫有名的修水县农民自卫队队长吴春满。

吴春满出身于一个苦大仇深的农民家庭,1926年7月参加农民协会,1927年6月加入中国共产党,积极参与组织农民暴动,消灭地主武装,地主豪绅对他恨之入骨。下衫乡大土豪朱经美串通修水县伪县长章九成到驻扎在修水的国民党三军九师师部,请求派兵镇压农民暴动。敌师长派出一个营的兵力前往下衫"剿匪",吴春满率领自卫队员奋勇抵抗,在重创敌人之后,终因寡不敌众,不幸被捕,敌人把他关押在朱家祠堂,准备第二天斩首示众。

深夜,吴春满紧张地思考着一个问题:如何逃出虎口,寻找在战争中幸存的同志,重新组建自卫队,与敌人拼到底!眼前的处境极为危险,手脚都被敌人用麻绳紧紧地捆住,身旁是两个持枪的敌兵,祠堂外面还有一个营的敌军。现在大约是午夜过后,还有几个小时,天就亮了。天亮后,自己将被敌人砍下脑袋。一个共产党员为革命流血牺牲是光荣的,但是自己死了,自卫队怎么办?再说我吴春满只有二十多岁,还能为革命做很多事,不能就这样死在敌人的屠刀底下,一定要寻找机会冲出牢笼。此时,两个哨兵把枪放在墙角里,靠着墙壁,发出了鼾声。机会来了,刻不容缓,吴春满勾下头,用牙齿拼命地咬着胸前的麻绳,麻绳"格登"一下断了,两手自由了。他蹲在地上,迅速地拆掉了绑住两只脚的麻绳,从地上站了起来。说时迟,那时快,他几步跨过去,拿起哨兵的枪,举起枪托,狠狠地砸在一个敌人的脑袋上,敌兵脑浆迸裂,像一根朽木似的倒下见阎

069

王爷去了。另一个敌兵惊醒了,被眼前的景象吓得目瞪口呆,不知所措,吴春满又来个三下五除二,把这个敌兵给收拾了。吴春满扛着两支枪打开大门,冲了出去,刚跑出祠堂不远,黑暗中传来一个沙哑的声音,"口令?"吴春满知道这是碰到了守在祠堂外面的哨兵,不能恋战,他转身朝另一个方向跑去。

"吴春满跑了,快抓住吴春满!"敌人边喊边开枪。几声凄厉的枪声打破了山村的沉寂,飞来的子弹在吴春满的身旁闪着火光,枪声也惊醒了驻扎在村里的所有敌军,敌营长气急败坏地挥着手枪带领大批人马追赶吴春满,下衫村处处是枪声、喊声。吴春满转过身来端起枪对着有手电光的地方开了一枪,一个敌人被撂倒了,其他敌军再也不敢嚣张,追赶的敌军放慢了脚步。吴春满趁机猛跑起来,借着夜色的掩护,沿着熟悉的道路,终于冲出了虎口。

天亮了,一轮红日从东方冉冉升起,金色的阳光洒满山谷,吴春满又回到了革命队伍的怀抱,迎接新的战斗。

少年英雄张如龙

邵天柱

张如龙(1906—1927),江西修水征村人。长兄张任石、次兄张如鹏,均较早接受新文化思潮影响而投身民主革命运动。受二位兄长熏陶,张如龙1923年8月考入驻浔之江西省立第六师范后,便与进步学生欧阳昆、向热生、蔡若虹积极投身进步学生运动。

1924年1月,中国社会主义青年团九江特别支部成立后不久,张如龙加入团的组织。同月,根据团组织安排,经严燕僧介绍,张如龙以个人名义加入中国国民党,并受命参与中国国民党九江地方组织筹建活动。5月,他又奉命负责江西青年学会九江分会筹备处工作。1925年1月,中国社会主义青年团更名为中国共产主义青年团。3月22日,经其积极筹备,中国共产主义青年团外围组织江西青年学会九江分会于省立六师成立。分会以探讨学术为名,配合九江学生联合会,公开号召有志青年参与社会政治问题研究,并先后发动学生、青年开展声援上海"五卅"运动和收回九江教育权等一系列反帝爱国运动。同年11月下旬,共产主义青年团九江第三届特别支部改组为第四届地方执行委员会,由刚从苏联学习归国的胡越一出任书记,张如龙则在团地委领导下,继续负责青年与学生运动发动工作,后出任九江学生联合会主席。12月17日,他以学生联合会牵头,召集九江各界团体举行反对封建军阀段祺瑞示威游行大会筹备会议,决定于同月21日在九江大校场集会,但消息走漏,军阀当局实行武装戒严,导致活动取消。遭受挫折后,张如龙毫不气馁,1926年1月,又以九江学联名义于江西率先发表宣言,反对日本帝国主义出兵侵略中国东北三省,并公开揭露段祺瑞军阀政府卖国行径,得到南昌等各地学生组织通电支持。同年2月,团地委书记胡越一请假返回家乡修水,指定张如龙代理团地委书记,主持团组织全面工作。同月7日,团地委发动青年学生会同社会各界群众,冲破反动当局军警阻挠，举行了以反帝反段为主题的"二七"惨案纪念大会。大会不久，传来3月18日北京段祺瑞政府开枪镇压反帝游行，杀害爱国学生刘和珍等47人、打伤200余人的消息，九江各界群情激奋。26日，张如龙、刘乙照等因势利导，于九江教育会发起成立"九江支援北京惨死同胞筹备会"，随即通电全国，号召"凡我同胞，希望一致奋起""奋斗牺牲，在所不惜"，在九江再次掀起反帝反军阀斗争高潮。

　　1926年4月，中国共产党九江特别支部成立，不久，张如龙即由共产主义青年团团员转为中国共产党党员，依然负责团的工作。26日，团地委改选，由上级组织调原南昌团地委书记丁健亚接任第五届团地委书记，张如龙被选为委员，专门负责学联工作。是年秋，中共九江特别支部针对国民党九江市党部内右派势力有所抬头的情况，对该组织机构进行改组，充实共产党员、共青团员、国民党左派力量。受党组织委派，张如龙出任改组后的国民党九江市党部执行委员会委员兼宣传部部长，参与组织领导工农商学各界群众支援国民革命军出师北伐。11月5日，北伐军光复九江。6日，中国国民党九江市党部于塔公祠挂牌办公，成为中共领导下的国共合作统一战线公开机关。同月中旬，共青团九江第六届地委成立，张如龙又受命出任团地委组织部部长，先后支持丁健亚、吴季冰、王显微、庞云飞、向锡煊5位六届团地委书记开展工作，使九江团组织的发展进入新的发展高潮期。同时，为了宣传北伐，张如龙邀请蔡若虹创办《火炬画报》，请蔡若虹负责作宣传画，画报在进步青年中产生了很大的影响。

　　北伐战争节节胜利，工农运动蓬勃高涨，却引发国民党右派的极度恐慌。1927年3月，蒋介石继6日指使党羽杀害赣州总工会委员长陈赞贤，捣毁赣州总工会后，16日亲至九江，直接授意国民党右派于17日制造惨案，捣毁国民党九江市党部、总工会、学联等革命团体，杀害工人纠察队员。面对国民党右派的反革命暴行，张如龙等共产党人积极组织民众进行反击，捉拿反革命凶犯，捣毁国民党右派集结的九江县党部，并于5月5日，成立市党部、学联、总工会、妇联、商民协会等共同组成的九江人民裁判委员会，公审"三·一七"反革命暴乱为首分子，处决6名凶犯。5月底至6月初，由于汪精卫为首的国民党右派中央政府纵容，九江浔湖警备司令金汉鼎"限一切共产党员在三天内一律出境，否则

人身不予保护",强行"礼送"已公开共产党员身份的国民党九江市党部常委、组织部部长严燕僧,市党部执委、主任秘书王子平,中共九江地委秘书帅鼓侬及组织部主任陈冰等出境。严燕僧等离开浔阳后,张如龙接任国民党九江市党部常委,继续领导社会各界坚持斗争,并借助中共领导的革命武装纷纷集结九江,准备实行武装起义,在大革命失败的恶劣环境下,使斗争持续保持高涨态势。

8月初,随着起义部队撤出九江并南下潮汕,受到起义军严重打击的驻赣滇军与地方反动势力相互勾结,对共产党员和革命群众实行疯狂报复,白色恐怖顿时笼罩九江,至8月7日,相继逮捕张如龙等70多名共产党员、共青团员及国民党左派人士。8月9日,反动当局将张如龙等26人于九江东门大校场集体枪杀。年仅21岁的张如龙牺牲在敌人的屠刀下。

朱 溪 大 捷

吴 新

　　1928年4月,中共修水临时县委改建为县委后,革命局势步步好转。县委派樊废级、樊策安、王铁猛回到仁乡开展革命活动。他们商议以合法身份争取在仁义小学任教,以这所学校作为秘密活动的据点,在师生中宣传共产主义,然后再扩展到工农群众中去。

　　通过一番斗争,樊废级当上了仁义小学校长。不久,从武汉"湖北省政府警卫团学校"回乡的朱再尧当上了庶务主任。这样,仁义小学的领导权就控制在自己手中了。一天,樊废级、樊策安、王铁猛、朱再尧等人在一起召开秘密会议,讨论怎样对付近在咫尺的修武铜靖卫大队长吴抚夷的策略。

　　一个月前,吴抚夷带领靖卫大队300人马,深夜从路口出发,包围革命军驻地杨祠,正在开会的县暴委70余人被包围,一阵激战之后,因寡不敌众,大部分同志在突围中壮烈牺牲。吴抚夷一把火烧了杨祠后移兵他的老家朱溪厂岭下屋。一天上午他带了几个亲兵假惺惺地去仁义小学拜访,说他将会同乡长出面召开全乡教育会,集资援建校舍,并帮助教员搞好团结,解决多年来遗留下来的新旧两派的争端,以利于办好学校为家乡造就人才。

　　樊废级等一眼识破吴抚夷的阴谋,他对朱再尧说:"来者不善,善者不来。我看这家伙不安好心。"朱再尧说:"我们是得提防,决不能让其得逞。"樊废级让朱再尧连夜向县委报告。县委当即决定,秘密联络点转移到水源街口"保康堂"药号和点心铺,樊废级等暴露过身份的人迅速撤离,并派王铁猛、樊万祥等人与平江县委联系,请求平江的游击队配合作战,偷袭吴抚夷的靖卫大队,以图消灭之。

　　王铁猛、樊万祥深夜出发,来到平江县边境一个叫坳上的小山村,找到了平江县委负责人胡筠。这是一个英姿勃发的女同志,传说她是一个双枪手,百步穿杨,弹无虚发,在当地很有威名。她接过介绍信一看,知是修水县委派来的,非常客气地接待了他们,并询问修水近来的革命情况。当樊万祥他们提出要求,希望平江县委派兵配合作战时,胡筠说:"你们先休息,我同游击队领导商量一下。"不一会儿,她领来一位身材魁梧、浓眉大眼的青年人,约莫二十五岁,他腰系皮革武装带,斜插一把驳壳枪,威武英俊。胡筠介绍说:"修水同志,这是我们游击队的钟彪司令员。你们将情况跟他谈谈。"王铁猛、樊万祥一听十分惊喜,忙说:"钟司令,早就听说你的大名,你的游击队威震湘北,连打胜仗,我们来想请你出兵助战,一同消灭吴抚夷的靖卫大队。不知你们能不能安排一次行动?"钟彪回答:"刚才我同胡筠同志商量了一下,我们修、平两县是生死相交的兄弟嘛,你们有何困难尽管说,我钟某向来是仗义的,打吴抚夷,我当助一臂之力!"樊万祥、王铁猛听后大为欢喜:"那太好了,有你们的队伍上阵,那一定胜券在握。"

第二天傍晚,钟彪即带领游击队八百余人来到修平交界的山岭上的一个小村三溪坳,与修武铜工农革命军汇合。两支军队共一千余人聚集在一起,士气高昂、斗志正旺,个个磨刀擦枪,做好战斗准备。站在整装待发的队伍前,两军指挥员更是精诚合作,他们共商军机,运筹谋略:决定兵分四路,围歼敌人。修武铜革命军为一、二路,第一路由王铁猛、樊万祥带领,出尺坑堰,直逼岭下屋,袭击靖卫大队部;第二路由樊策安、樊废级等带领,从白花坳出击马鞍山的敌军排哨。平江游击队为三、四路,第三路由钟彪亲自率领,从琵琶潭的河港里直上攻击驻扎在朱溪厂的敌军主力;第四路由副司令胡勇带领,埋伏在街北七里山下堵截敌军退路,形成四面包围阵势,天将黑,四路兵力分别按预定路线开始了急行军。

吴抚夷自镇压杨祠暴动得胜回乡,骄横恣肆、趾高气扬,他驻兵朱溪厂及老家岭下屋后,整日酒宴酣醉。他一向善于豪饮,乡间火酒一次能喝十几碗,且非大碗则不过瘾,每逢出兵,他必饮酒壮胆,打仗后又以酒宴作罢。这天夜晚他又约了一伙地主豪绅聚集,大摆筵席,以示庆功。那伙前来作贺的人送钱赠物,给他犒赏兵士。一个叫吴雪开的豪绅举杯祝贺说:"抚老兄真乃大将风度,用兵如神,剿灭赤匪,劳苦功高。我等托你的福,得享太平日子,免遭匪扰。老兄功绩

075

卓著,我敬上一杯。"席间那一帮地主豪绅纷纷上前,争相献媚,一时杯盘狼藉,笑喊喧哗。时至午夜,他们还在狂饮滥醉,打牌猜拳,四更过后,亦不曾散去。

正在挥霍得意之时,忽一哨兵来报:"大队长,不好,发现有匪兵快到朱溪厂。"吴抚夷听罢哈哈大笑:"别装神弄鬼,去你的,哪来的匪兵!"正与他打牌的吴雪开也搭腔道:"以抚老兄的神机妙算,量他们那些赤匪岂敢在老虎耳心拔毛!上次血洗杨祠,今日哪个还有胆量与抚兄较量,来来,发牌,别理他!"正待吴抚夷出牌,又一哨兵来报,有一大队匪兵到了马鞍山打死我一个哨兵!吴抚夷大喝:"真有此事,为什么不早报告?"那哨兵忙跪下说:"我一发现就跑来报告了。"室内一片哗然,吴抚夷惊慌起来,拔出手枪,对传令兵说:"马上集合队伍!"他带领大队士兵正准备前去迎战,忽然后山岭上一阵枪声骤响,子弹从头上呼啸而过,他赶忙从前门奔出,不觉一阵喊杀声传来。港陂上竹林里闪出一队人马,持枪挥刀,冲杀过来,这时他才发现自己已被重重包围了。他拿着手枪,逼迫士兵顽强抵抗,妄图冲出包围圈,但他那些士兵被打昏了头,不知所措,见前面的被杀倒了,后面的人再不敢上前。吴抚夷急得直喊:"给我顶住,谁敢后退老子枪毙了他!"一看又几十具尸体横卧屋前屋后,他感到形势不妙,命副队长吴为全指挥,自己带着十几个亲兵从侧门逃跑了。吴抚夷跑到七里山又遭到伏兵袭击,亲兵被打死一半,最后由几个亲兵掩护朝山沟夺路逃奔,方捡得一条命。

这一仗速战速决,凌晨清理战场,共打死打伤敌军130余人,缴枪100余支,副大队长吴为全也当场被打死,还缴了一匹黄骠马。王铁猛、樊万祥、樊策安带领的修武铜革命军又与平江游击队胜利会师了。王铁猛紧握着钟彪的手说:"这一仗打得真漂亮,感谢您的大力援助,这匹黄骠马您骑去做个纪念。"钟彪笑着回答:"既然这样客气,那就领情了。再见吧,后会有期。"他跨上高大威猛的黄骠马,带领游击大队走在回师的路上,在老百姓的鞭炮声中渐渐消失了身影……

万祥区的由来

刘烈根

1929年4月28日傍晚,在土龙山至朱溪镇的路上,一队清乡队员押解着一个被五花大绑的中年人向朱溪靖卫团团部走去。那被绑的中年人就是修水大桥区农民协会的创始人之一、中共修水县第二区委组织委员樊万祥。

驻在朱溪坐湾的靖卫团团总吴春风听说抓到了樊万祥,心中不禁狂喜。他暗自思忖,樊万祥是"土匪"骨干,多次和"匪首"樊策安、吴凯旋纠合在一起,聚集暴徒,制造事端,没收了我家的财产和粮食,并曾带领"彭匪"攻打修水县城。今天,他竟然落在我手里,我一定要剥他的皮,抽他的筋。如能通过他将修水县的共产党一网打尽,功居头等,自不待言。于是他决定连夜对樊万祥进行审讯。他派靖卫团队长、杀人屠夫樊东升在靖卫团团部堂前中央堆上一大堆木炭,烧起熊熊大火,将樊万祥捆绑在堂前的柱子上。待一切布置停当,吴春风从厢房走出来,奸笑着走近樊万祥说:"万祥兄,你受委屈了,只要你告诉我,现在你们县委的负责人在哪里?你们的活动地点在什么地方?我奖给你一千大洋,保证你下半辈子吃穿不愁,如果你想做官,我还可以给你……"

"呸!"樊万祥愤怒地答道,"我不知道。当你们的官,我樊万祥没有那个福气!"

"不讲,那可别怪我不客气!"匪团总知道,对于像樊万祥这样的铁汉子,劝降是无用的。他把手一挥,几个如狼似虎的团丁,立即将几把铁火钳丢进了炭火堆,接着"嘶"的一声,扯开了樊万祥的上衣。

"讲不讲?"一个团丁吼道。

"不知道!"樊万祥坚定地答道。

"看你的嘴硬,还是我的火钳硬。"匪团总狂叫道,"用刑!"

一把把烧得通红的火钳朝樊万祥的背上烫去……火钳烫在肉体上发出"咝

嗞"的响声,樊万祥紧咬牙关,一声不吭,头上黄豆大的汗珠直往下淌,他圆睁着双眼,怒视着敌人,背上的皮肉烧焦了,他昏了过去。

敌人用冷水将他浇醒,继续逼他供出县委领导人的活动,但得到的只有始终如一的三个字:"不知道!"

匪团总恼羞成怒,从衣袋里拿出一包绣花针,丢在樊万祥面前:"讲不讲?"

一阵沉默……

"不讲,给他钉花针。"匪团总的话音刚落,一群团丁手拿铁锤,按住樊万祥的头,将一根根花针砸在他的头上,樊万祥双眼紧闭,一动不动,砸着、砸着,他头一歪,又昏了过去。

面对着这位有着钢铁般意志的共产党人,残暴的匪团总不由得从心底发出恐惧和哀鸣。他歇斯底里地吼道:"再给我打土雷公!"

这时,一个团丁提着一桶冷水,铺头盖脸地朝樊万祥猛浇下来,待他再次苏醒过来后,凶恶的敌人又将他拖至木桩旁,把他的两个大拇指用细麻绳绑着,然后捆在木桩上,再削尖一根杉木,夹在两指中间用榔头对着木尖猛锤。

"说不说?"团匪边打边问。

樊万祥面对外强中干的敌人,咬紧牙关。

"不说,继续打!"

每打一下,犹如万箭穿心,麻绳渐渐勒进了他的肉体,豆大的汗珠淌在木桩旁,但他顽强地坚持着、坚持着……终于,他第三次昏死过去。

敌人各种卑鄙毒辣的手段都用尽了,却无法使有着钢铁样意志的共产党人屈服。

第二天傍晚,敌人将折磨得奄奄一息的樊万祥用门板抬到朱溪来家庄,为了杀一儆百,团匪们用枪托、梭镖,挨家挨户将周围的老百姓驱赶到来家庄,一场惨绝人寰的杀戮开始了。只见穷凶极恶的匪团总和靖卫队队长樊东升指挥团丁将遍体鳞伤的樊万祥抬到地坪中央,然后将他的衣服剥光,残忍地用四根大铁钉钉在一块门板上,用锋利的匕首在他背上乱割乱划,殷红的鲜血染红了门板,滴满了周围的地面。樊万祥忍受着残酷的折磨,艰难地抬起头来,用微弱的声音愤恨地痛骂敌人。被迫押来的群众,目睹团匪们令人发指的兽行,无不

切齿痛恨,掩面而泣。最后,一个团丁拿出一根烧红的杀猪用的铁棍,狠狠地朝樊万祥的肛门捅去……

此时,天更黑了,雨更大了,黄龙山在怒吼,土龙山在呜咽,山山水水都在沉重哀悼这位为革命壮烈牺牲的农民英雄。

樊万祥,修水朱溪人,1898年3月出生于贫苦农民家庭。兄弟五人,他为长子。成人后,先随父种田,后以做裁缝为生,饱尝了人间苦楚,他对地主恨之入骨。

1926年7月,中共修水支部干事会在县城宣告成立,修水工农运动得到了迅速发展。在党组织的帮助下,樊万祥进步很快,他懂得了只有农民兄弟抱成一团,斗垮土豪劣绅才是唯一的出路。于是,他积极地协助樊策安等同志在仁乡一带发动农民,成立农民协会。1927年5月,樊万祥光荣地加入了中国共产党。由于他忠厚老实,办事公道,热心助人,当地的农民弟兄对他非常信任,修水大桥成立农民协会时,他被选为农会的组织委员,后来又当选为党支部委员。

大革命失败后,修水仁乡的革命形势一度处于低潮。樊万祥被团防局通缉,处境虽然艰难,但他坦然自若,继续秘密地领导群众开展斗争。1927年7月,他带领大桥农会会员和朱积垣等同志领导的上衫农会一道,开展暴动,没收了大土豪朱经美的财产,处决了疯狂向革命势力反攻倒算的朱谷丰等反动土豪。

1928年初,中共修水临时县委建立后,抓紧了基层党的组织建设,相继建立了中共一、二、三区委,樊万祥被选为二区区委组织委员。

1928年6月,修武铜靖卫大队长吴抚夷在血腥镇压西乡杨祠暴动后,又密谋策划,妄图血洗我党组织的活动据点——朱溪仁义小学。党组织闻讯,决定将计就计,打击敌人。一天,县委领导人樊策安找到樊万祥说:"万祥,组织上派你和铁猛到平江坳上和平江党组织联系。这是一封信,请交给平江党组织负责同志,你们今夜就走,有困难吗?""没困难。"樊万祥坚定地答道。他们连夜化装,星夜赶到平江坳上找到了平江党组织负责人胡筠。6月21日凌晨,修、平两县游击队首先摸掉了敌人设在马鞍山上的排哨,接着兵分三路,神不知鬼不觉地包围了修武铜靖卫大队驻地——朱溪厂。枪声、喊杀声响成一片时,敌人还在梦中,吓得个个魂不附体,四散逃命。此时,敌匪首吴抚夷正在他二姨太房里睡觉,听到激烈的枪声,知道情况不妙,慌忙从床上爬起来,连鞋袜都来不及穿,光着两个脚丫子,推醒护兵,打开后门,往县城方向落荒而逃。此战击毙、打伤敌匪军一百三十余人,缴获军马一匹,枪一百余支。

1928年7月22日,滕代远、彭德怀等率领国民党独立五师一部在平江举行起义,建立红五军。起义后红五军与敌转战一周,主动撤往平、修边界休整。8月4日,滕代远在修、平边界的朱溪厂与修水党组织取得了联系,共同商议攻打修水县城。6日,修水县委派樊万祥充当红五军向导,并带领仁、西乡上万名武装农民攻打县城。同时,县委指示陈秋光以烟酒局文书的身份作掩护在县城发动手工业工人为内应。拂晓,在樊万祥的引导下,一万二千余名军民浩浩荡荡地从朱溪出发,向修水县城杀去。部队行至马坳,兵分三路:一路由李灿率领,经擂鼓岭猛攻西门;一路由黄公略指挥,经杭口占领凤凰山制高点,居高临下,攻打北门;一路由彭德怀、滕代远亲自率领,直攻南门。三路人马以篝火为号。黄昏,各路队伍进入阵地,城内国民党驻军一个营和修武铜靖卫大队毫无警觉。突然,县城西、北、南三面火光熊熊,杀声震天,在朱溪之战中遭我军痛击刚逃回县城还心有余悸的敌县长章九成和反动靖卫队长吴抚夷慌忙纠集国民党驻军一个营负隅顽抗。这时,占领凤凰山制高点的我军战士首先发起进攻,吸引敌人火力,一阵排枪打得敌人惊慌失措。趁敌人慌乱之际,陈秋光带领十几名共产党员和县城手工业工人,借着夜色掩护,悄悄迂回至西门,摸掉敌人守护城门的哨兵,打开城门,我军攻西门的战士,见城门大开,犹如决了堤的洪水,一拥而入。樊万祥手持梭镖,一连捅死几个敌人。主攻南门的战士,在机枪火力的掩护下,冲过浮桥,架梯攀越城墙。敌人火力猛烈,战斗非常激烈,在我军战士的顽强进攻下,南门终于被攻破了。红五军战士和暴动农民从西、南两门突入城内,三路劲旅密切配合,前后夹击,直杀得敌人丢盔弃甲,国民党修水县县长章九成和一批反动首领,见大势已去,从东门方向抱头鼠窜,逃之夭夭。战斗从黄昏至八时许胜利结束,全歼敌一个正规营和修武铜靖卫队计五百余人,俘敌数百人,缴枪数百支。攻克县城后,我军立即打开监狱,救出了郑波平等一批共产党员和革命群众。

战斗胜利结束后的第二天,红五军党委和中共修水县委在县城召开隆重的祝捷大会,到会军民一万余人,气氛热烈。会上宣布修水工农苏维埃政府正式建立。大会奖给樊万祥汉阳造步枪一支。

8月15日,江西省敌军两个团和两个宪兵营前来进剿,红五军退出修水县城,樊万祥也随同党的负责同志返回原籍开展革命活动。

樊万祥回到大桥后,根据中共修水县委关于"积极发展党的组织,造成修水红色割据局面"的指示,和吴凯旋、余厚高等一起,投入了巩固农民协会、大力发展党的组织的斗争。至是年10月,大桥的余塅、上衫、礼源及石坳的夏源等地均建立了党的组织,开展了多起打土豪、铲劣绅的斗争。地主土豪闻风丧胆,对樊万祥恨之入骨,必欲置于死地而后快。

1929年5月,修水苏区的白色恐怖更加严重,国民党正规军一个团和靖卫队日夜不停地在修水仁、西、崇等乡搜捕共产党人和农运骨干。朱溪镇上通缉"共匪"要犯樊策安、吴凯旋、樊万祥的布告贴满了街头巷尾。一天,樊万祥、吴凯旋等二十余人,在土龙山下的烂泥垅召开秘密会议,研究如何应付事变,发展、恢复党的组织,张贴标语,进行革命宣传等问题。因秘密被泄漏,被敌人发现,樊万祥为掩护其他同志安全转移,不幸被捕。

樊万祥壮烈牺牲后,残忍的敌人将他的尸体剖开,并下令"不准收尸"。但就在第二天晚上,几个农民在我党同志的带领下,将尸体缝合偷运出来,把他安葬了。他的英雄事迹,激励着修水党组织和广大人民继续战斗,狠狠打击敌人。

1932年5月,中共湘鄂赣省委、省苏为了褒扬烈士的功绩,决定将修水二区命名为"万祥区"。

母子昂首赴刑场

余杰风

骨肉情深,莫过母子。但这个故事的主人公胡爱英烈士,为了忠于革命,保护红军,却在敌人的屠刀面前,宁可让亲生儿子与自己一道就义。这种精神,可歌可泣。

胡爱英是个普普通通的山乡妇女,她出生在修水上奉乡祥云山下的一个贫农家里。她从小就勤劳俭朴,诚实和气,乡亲们叫她"英姑"。她身材高大壮实,无论理家务、干农活,都像个男子汉。她性格刚强豪放,爱打抱不平,每当看见富家子弟欺负穷人孩子时,她就要站出来主持公道,为穷伙伴壮胆助威。地主的爪牙上她家收租索债时,那狐假虎威的熊样子,挤眉弄眼的淫色相,她恨得咬牙切齿。

22岁时,她嫁到牛岗里张家。这里是黄港与上奉交界的一座大山沟,人不多,且大都是穷人。婚后,她先后生育一男一女,夫妻俩勤俭过日子,总没个好光景。大孩子敦训才4岁,丈夫就病故了,丢下一双儿女,靠她抚养。她有一个小侄儿因父母双亡,没有依靠,英姑不忍他流浪乞食,又主动收养了。一家四口,生活的压力太重。她靠勤劳的双手,硬是把这个家支撑起来了。

1929年的春天,牛岗里突然出现了扛枪背刀的红军,有时是夜里来往,有时是白天行动,胡爱英很担惊受怕。她知道,要是国民党军队来了,就免不了抓夫抢粮,调戏妇女,村里不得安宁。可几天过去了,却没见发生军队骚扰百姓的事,她觉得奇怪,一打听,才知道是红军进了山。她早听说黄港、上奉一带来了红军,红军爱护百姓,还带领劳苦群众打土豪劣绅,当时还不敢相信,这下心里才踏实些。红军几次经过她家门口,她热情向他们打招呼,让他们进屋休息,还泡热茶,端山薯片,但红军总不吃,这更使她从心里热爱红军。她向红军问长问短,几次交谈,也懂得了一些革命道理,并确信红军真是自己人。红军也了解胡爱英是一个贫苦刚强的劳动妇女,她向往革命,仇视地主恶霸和国民党反动派,因此,也就常接近她。不久,胡爱英听说红军要在牛岗里安设一个地下联络员,她向红军领导说:"我这孤儿寡母的,最适合干这份工作,就让我干吧!"红军领导一方面对她表示信任,一方面又怕她拖儿带女不方便工作,便把做联络员的任务与要求、责任和风险详细介绍,并着重强调了工作的艰巨和危险性。胡爱英听了,毫不犹豫,拍胸一掌,神态坚定地说:"我保证做好工作,绝对保密,死也不变心。我一定做到眼尖、耳灵、脚勤、口稳、心里镇静,任何艰苦危险都不怕,正因为我是个拖儿带女的女人,更好四处活动,我要教我的孩子爱红军,和我一起做工作。"红军领导被她的热情、诚心感动了,终于答应了她的要求。

自从上奉一带农民群众闹起革命斗争后,国民党军队加紧了对这里的武装防守和封锁,处处设岗哨,严禁一切生活物资流通。牛岗里的农民出山卖柴买粮,都限定数量,还要反复盘查。胡爱英几乎每天带着孩子在这狼窝虎穴里来回活动,起早摸黑,风雨无阻。她不但要侦察敌情,传送情报,还要为红军采购生活物资,常常肩挑手提,忍饥挨饿。她经常改变装束,改变往返路线,反复叮嘱孩子们不要乱说话,甚至教他们装聋作哑,向敌兵讨饭要钱,这样,每次都顺利地完成了工作任务。为了红军的安全,她晚上给红军砻谷舂米,送到山里去。有时候因出外采购困难,粮食或食盐不足,她就把自家备用的凑上去。胡爱英坚持了三年,工作上从没出差错,使红军不但在牛岗里站稳了脚,并突破敌人的封锁,仍保持了与外界的密切联系,有时还给敌人以突然袭击。胡爱英的革命精神,大大鼓舞了红军战士,多次受到红军领导的赞扬和奖励。胡爱英也从红军的艰苦战斗中受到了教育,她苦中有乐,越干越坚强。她常对孩子们说:"红军是我们的亲人,我们要尽力帮助他们,保护他们。你们长大了也要去当红军,干革命,打压迫穷人的敌人。"孩子们都听话,也都尊敬红军叔叔。

1931年,驻在上奉境内的国民党军的团长眼看着红军的活动越来越活跃,一块方圆百里的地方,驻了正规军一个团,还有地方民团一个大队,却对只有梭镖马刀的红军无可奈何,有时还被袭击,丢枪损兵,上级几次骂他是"饭桶",限期令他查清"敌"情。他焦头烂额,急得像热锅上的蚂蚁,坐立不安。他像疯狗一样狂叫,命令所有岗哨严查一切可疑的人,一定要抓几个"匪探",打开缺口。

宁可错抓一千,不可放走一个。这年端午节,胡爱英顾不得和孩子们在家欢度佳节,又带着大儿子张敦训来到了上奉。她想,每逢节日,敌兵纪律更乱,岗哨也更松弛,更好进行活动。不料,母子俩刚到第一个哨所,便被敌兵拦住,不由分说被强扭到敌团部去。敌团长听部下报告,说这女人带着孩子经常在四处活动,定是"探子",心里不由一乐,绷紧的眉毛陡然一松,暗自庆幸:"娘的,好运气终于来了,邀功晋级,在此一举!"他听说抓来的是一个普通农妇和一个小孩,更满不在乎地说:"杀鸡不用动牛刀,撬开一个女人的口还不轻而易举?"于是他布置一番,便宣布开堂审问了。按照他的布置,气氛要森严,刑具就有金木水火土五大项,枪刀列阵,如临大敌。敌团长坐上高椅,装腔作势地问了一下姓名、住址、家庭情况后,气势汹汹地问道:"今天是端午节,你出来干什么?"

"穷人家过什么节,饭都吃不饱,出来买米呗。"

"别装蒜!你的名字我早就熟悉,你是红军密探,出山来执行任务,对吗?"敌团长狡诈一笑,眯起老鼠眼睛盯着胡爱英,想从她的脸上找到肯定答案。

胡爱英先是心里一惊,但仍镇定地说:"我说不对,你说对就对。"

"他妈的,女婊子好厉害!"敌团长向两旁一歪嘴角,几个喽啰凶神恶煞般站到胡爱英身边,正要动刑。敌团长喝住了:"慢,不要吓坏这孩子!"他又皮笑肉不笑地对胡爱英说:"我知道你不是红军,不会把你当红军办罪。你是红军的密探也不要紧,只要你说一点你知道的红军情况就没事了。我们替你保密,孤儿寡母怪可怜的,我还要给你发一百块大洋救济款呢!"

"我们穷惯了,给我一座金山,我也只有三个字'不晓得'。"胡爱英干脆地回答。"你……"敌团长恼羞成怒,大喝一声:"给她吃锅铁饺子!"敌兵拿来烧红的烙铁在胡爱英手臂连烫两下,胡爱英一声不吭,昏了过去,她儿子张敦训抱着母亲大哭起来了。

"住手!"敌团长以为这是好时机,又假惺惺地说:"看在这孩子的情分上,让她多想想吧!"

当晚,胡爱英母子躺在一间又黑又湿的屋子里。她从昏迷中醒来,心想:现在是红军常说的"经受考验"的时刻到了。敌人用软硬兼施的手段想探听红军情况,我要顶住,决不泄密,要不然,自己三年来的辛苦白费了,更对不起红军。

她又想到敌团长口口声声"可怜孩子",莫非他想用母子之情来打动我?敌人心狠手辣,决不会让自己母子活着回去的,出卖红军回去也万分羞耻,无脸面见世人。她轻轻推醒身边的儿子,轻声说:"敦训,为了保护红军叔叔,敌人问你什么都不要说。看来,敌人暂时不会伤害你的,他们无论怎样对待我,你都不要哭,不要说话,要死,和妈一块死,好吗?"敦训用手抚摸母亲的脸颊,轻声抽泣着说:"我听妈的话,什么都不说,打死我也不说。"

这天晚上,敌团长也不安静,想到白天的审问,没捞到一点消息,大失所望,非常烦恼!但他还是蛮有把握地认为:天下哪个母亲不疼孩子,我用她的心头肉来"将军",总不会不动情吧?第二天早上,他押出胡爱英,单独审问:"你自己受皮肉之苦,你儿子担惊受怕,却不愿说出一点红军的情况,究竟为了什么?"

"为了革命!"胡爱英直截了当地说。

"那你是要儿子,还是要革命呢?"

"革命、儿子我都要!"

"想得倒好,我要是杀了你儿子呢?"

"杀了儿子也要革命。活着干,死了也干。为了保儿子,出卖革命,我做不到!"胡爱英的话掷地有声,在堂的敌官兵听了都为之震动。敌团长更像泄了气的皮球,无可奈何,怕不好收场,只好草草退堂。

胡爱英母子被捕的消息,以及她在敌人面前不屈不挠的精神,先后传到了红军驻地。红军一方面把她家里的孩子接到部队里去照顾,一方面想方设法营救她母子。这时,敌团长也诚惶诚恐,他知道要从胡爱英口中得知有利口供是万万不可能的,弄不好夜长梦多,反会招来麻烦。于是他采取了狠毒的手段——立即处死胡爱英母子,并到处宣扬,一吓唬远近群众,二向上级交差,谎说自己抓住了"红军要人"。

一个大雾蒙蒙的早上,胡爱英牵着才八岁的儿子张敦训从容步入刑场。她面不改色,昂首挺胸,拉起儿子的手臂,高高举起,两人一同高呼:"红军万岁!"

胡爱英母子为革命壮烈牺牲了,在祥云山下,在红军和劳苦人民的心里,立下了永难忘却的丰碑。

惩治腐败灭胞兄

潘福新

1931年清明节的天气并不清明,老天爷突然变了脸,空中金蛇狂舞,连串炸响的霹雳像要把世界轰个粉碎,顷刻间瓢泼大雨铺天盖地,汇成一道道山洪,从土龙山的沟沟窝窝急泻而下。清澈温柔的白水河霎时变得暴躁不安,挟裹了大量泥沙污秽,以奔雷般的磅礴气势滚滚向东涌流,沿途发出震耳欲聋的咆哮声……

大雨一直下到午夜时分才渐渐停息下来。天空中一弯残月在乱云之间急速地穿行,远处隐约可见土龙山那黛黑高耸的巨大背影。这时,在沿河通往台庄的一条小路上,忽然出现了几个夜行人,借着朦胧月色疾走如飞。他们是修水县委派遣的一支锄奸队,从县苏驻地渣津镇奔袭而来,前往台庄区捉拿一个叛徒。

走在前面的是队长樊绍清。此刻他的心情异常沉重,因为前去捕捉的那个叛徒,就是他从小相依为命的同胞兄长——原台庄区苏维埃主席樊竹清。

大雨将山野洗涤一新,空气里弥漫着一股醉人的甜香。然而绍清却无心欣赏这些,陷入童年往事的回忆之中……

绍清家住台庄牵狗岭下,孤零零一栋杉皮屋。全家五口人靠租种邻村地主郑耀宗的几亩薄田过活。日子过得艰难却和谐温馨。

十年前,一个雷鸣电闪的漆黑夜晚,一场突发的山洪冲毁了他的家,卷走了他慈爱的双亲和年幼的妹妹。他抱着一块床铺板在河心浮浮沉沉,并大声呼救。可黑夜里的风声雨声太大,有谁能够听得见呢?是哥哥,是仅比他年长三岁的竹清哥,顾不得与洪水搏斗后的满身疲惫,又毅然地跳下河去,把他从死亡的深渊里救上来。

家园毁于一旦,兄弟俩衣食无着。在那凄风苦雨的日子里,两人到外村去逃荒。要来的一些残米剩饭,竹清哥总是让他先吃饱,自己宁可饿肚子。有一回到东家郑耀宗家门前乞讨,狗地主非但不给,反而放出一条大黄犬来。那犬仗着人势,嗷嗷吼叫着扑了上来。绍清年幼,跑不快。竹清哥为了掩护他,站在原地与凶犬搏斗,结果浑身被撕咬得鲜血淋漓,右手一根中指也被咬去半截,至今还留下一个触目的疤痕。

兄弟俩四方流浪,白天找有钱人家打零工,无工可做则乞食,晚上宿破庙,睡猪栏,尝尽了人间苦楚。那时绍清年龄幼小,不懂事,夜里有时思念爹娘,就嘤嘤地哭。竹清哥把他搂到怀里,轻言细语百般安慰,陪他一起流泪,偎依着一起度过那凄风苦雨的漫漫长夜……1928年间,彭德怀率领红五军转战来到台庄,小小山村沸腾了,打土豪,分田地,穷苦人有了扬眉吐气的一天。红军帮助哥俩重建了家园,苦日子终于熬出了头。兄弟俩积极参加了革命工作,又先后光荣地加入了中国共产党,在鲜红的镰刀斧头旗下庄严地宣誓:为共产主义奋斗终生,为穷苦人的翻身解放贡献出自己的一切!

可竹清哥忘掉自己的誓言了,随着环境条件的改变,特别是他担任区苏维埃主席以后,渐渐变得贪图享乐,好虚荣,并与恶霸地主郑耀宗的小老婆打得火热。他完全忘记了当年的咬指之痛,丧失了一个共产党员和革命干部起码的立场和品格。

千里之堤,溃于蚁穴。生活上的腐化堕落导致了他革命意志的衰退和政治上的动摇。1930年,蒋介石发动了对革命根据地的第一次大围剿。一时重兵压境,黑云弥漫。在这种关键的时刻,樊竹清惊慌失措,竟然盗卖了红军秘密藏放在台庄的大批药材,携款带着情妇逃到长沙恣意挥霍,致使反围剿斗争胜利后许多红军战士负伤得不到药物治疗,给革命事业带来了极大的损失。

鉴于以上种种劣迹,县委和苏维埃政府做出决议:开除樊竹清党籍,撤销他党内外一切职务,并召开了群众大会对其进行批评。然而令人气愤的是,樊竹清对组织上的处理极不服气,竟然扬言:此处不留爷,自有留爷处!我樊竹清也不是好惹的,君子报仇,十年不晚,总有叫你们好看的日子。

就在1928年3月上旬,樊竹清随队前往县城执行任务,在与敌巡逻队遭遇时,他突然倒戈投敌,造成全队同志壮烈牺牲。

想到这里,绍清不禁气得浓眉倒竖,咬牙切齿:樊竹清呀樊竹清,我看你是猪油蒙住心了,你人不做做狗!也罢,你既然与革命人民为敌,甘当反动派的鹰犬,也就莫怪我不念兄弟手足之情了!

一阵急行军,台庄已近在咫尺了。前面可以看见村东头那黑魆魆的樟树群。绍清命令队伍停下来,悄声告诉大家:"今天是我父母的十周年忌日,樊竹清孝顺,今晚必定会溜回村祭奠父母。等下发现目标,大家要四面包围,叛徒水性极好,切不可让他逃到河边。必要时一枪将其击毙……"

顷刻间队伍来到村西牵狗岭下,果见山坡上火光摇曳,青烟缭绕,叛徒樊竹清正跪在坟边烧冥钱。绍清打了个手势,队员们迅速散开,成扇形包抄上去。

樊竹清隐约听到了身后的脚步声,忙拾起脚边的驳壳枪,爬起来就想跑,但为时已晚。只听见一声大喝,如焦雷贯顶:"站住,举起手来!"

樊竹清吓得双腿发软,咕咚一声栽倒地上。

"下了他的枪!"绍清发出指令,一队员立即上前把枪夺了过来。

樊竹清瘫坐地上,脸孔煞白,浑身筛糠般抖个不停。但听出其弟绍清的声音,他又从地上爬起来,眼中闪过一丝希冀之光。

"绍清,饶了我吧,放过我这一次吧?"

绍清脸孔抽搐了一下,但随即坚决地呵斥:"少废话,捆起来带走!"

"绍清,放过我吧,我没做什么坏事哟!"

"没做什么坏事!"绍清不禁大怒。他想起这些年苏维埃政府为了减轻人民群众的负担,节衣缩食,严格规定政府办公人员每人每天伙食费不得超过两分钱,大家喝菜汤,咽红薯,把省下来的每一个铜板都用来支援革命战争。为了筹措军费开支,大家想办法打土豪,袭击国民党的财政机关,多少同志为此流血牺牲了。而眼前这个蛀虫,却盗卖红军暗藏的药材,与情妇挥霍一空。他想起眼前这个败类,对组织上的批评教育不思悔改,反而怀恨在心,在敌占区执行任务的关键时刻,竟然倒戈相向,枉送了许多革命同志的宝贵生命。想到这里,他心中不禁升起一股怒火,牙齿咬得咯咯响,朝叛徒一步一步紧逼过去:"你敢说你没做坏事?你这不知廉耻的东西,腐化堕落,盗卖红军的药材,致使多少伤员无药治而牺牲了!你这出卖良心的叛徒,关键时刻倒戈投敌,甘当国民党反动派

的走狗,你的双手沾满了革命同志的鲜血,你还敢说你没有做坏事?"

叛徒樊竹清在其弟凛然气势的紧逼下,吓得抖成一团,像条狗一样在地上爬。

"把他拖起来,带走!"

"绍——清"樊竹清叫喊着从地上跪爬起来,眼泪鼻涕糊了一脸,双手在空中乱抓乱挠,似乎想抓住点什么。短残的中指在绍清眼前不停地挥舞。

绍清心头猛一抽搐,一股酸痛之流突然涌上喉咙,十年前地主郑耀宗家门口人犬之争的那一幕重又浮到他的眼前……

"弟弟,你就饶了哥哥这一回吧?难道你就不念一点点兄弟之情吗?"

绍清脸色僵硬,心情十分复杂:论私,我与竹清是同胞兄弟,小时他对我的抚养之情确实令人难忘;论公,他现在已沦为可耻的叛徒,成为凶恶的敌人。对敌人的仁慈就是对革命的犯罪……他想起入党时在党旗下庄严的誓词,想起党对自己多年的培养教育,想起多少先烈为了换取革命胜利不惜抛头颅、洒热血,不惜妻离子散、家破人亡,想起无辜惨死在叛徒樊竹清枪口下的许多革命同志……他心肠一硬,语调平缓却坚定地对樊竹清说:"不要再嚎了!既然我们兄弟一场,你如果有个什么三长两短,你的家小由我来照看,爹娘的坟前由我来祭奠清扫,你就安心地跟我们走吧。"

樊竹清见事情已无可挽回,眼珠转了转,又哀求说:"绍清,我也不想使你为难,我只求你让我在爹娘坟前尽一回孝,好吗?"

绍清默默点了点头,队员们自动闪开了一条路,樊竹清趔趔趄趄朝坟边走去……

黎明的曦光渐渐照亮大地,天边闪烁着淡淡的星光,不远处山坡下的白水河不停地轰鸣奔腾,风儿轻轻地吹,山野显出一片静寂……樊竹清走到坟前跪了下来,两手如钩,挖起一捧捧泥巴放到坟堆上,雨后的山坡松软湿润,一会儿,坟茔被修饰得面貌一新。樊竹清扑到碑石上,大声哭喊:"爹娘!孩儿就要走了,以后不能再来祭拜你们,请原谅孩儿的不孝吧!"说完,他恭恭敬敬地磕了三个响头。

"走吧。"绍清哽声说。

突然,樊竹清一个后滚翻滚下陡峭的山坡,然后迅速爬起,向河边拼命逃去。

"快!快!抓住他!"队员们如梦初醒,七嘴八舌地嚷了起来。

樊竹清跑得像只兔子,转眼便到了河岸边,队员们眼看就要追不上了。

"你跑不了,无耻的叛徒!"绍清沉声说道,端起手中的"汉阳造","砰"的一声枪响,樊竹清的身子立刻像只断了线的风筝,从高高的河塥上飘了下去,眨眼便掉入滔滔的洪流之中……

天色已经大亮,空中又飘下蒙蒙细雨,绍清脸上挂满了清亮的小水珠。他甩开大步,朝县苏驻地——渣津镇走去,身后留下一串串坚实的足印……

红 色 故 事

杨队长智退白匪

巢佳瑞

1931年深秋的一天早晨,天刚蒙蒙亮,修水原画坪乡的群众就开始了紧张的劳动。因为乡苏维埃政府做出了决定,为了赶天气,所有的群众、干部、赤卫队队员全部突击晒薯,只留下杨柳春等两个人,到边界上去侦探敌情,防止"民团"乘机捣乱。

杨柳春是新上任的赤卫队长,二十来岁,高高的个子,长着一双机灵的眼睛,考虑问题时,两颗眼珠子老是飞快地转动。说话时,他喜欢手往腰上一撑,嗓音提得高高的。群众很爱接近他。

杨队长来到与塘城交界一带的地方,注意着敌人的行动。这是一个很艰巨的任务,因为这一带靠上源曹家团部驻地不远。"民团"匪徒凭着几条"快火",经常偷偷摸摸进苏区骚扰。由于杨队长是个有勇有谋的人,乡苏维埃才决定派他来这一带担任警戒工作。

吃过早饭,杨队长从家里来到了慕恒岭上。这座岭,山峰很高,可以俯瞰古市、汪坪一带。半山腰里,有条小路直通区苏维埃驻地——坪上。山脚下,便是往塘城去的一条必经之路。路下面那陡峻的山溪的水源,也是从塘城那个方向来的。这些都有利于监视敌人的行动,所以杨队长选择了这里作为放哨的地点。

山坳里、山坡上,全是挖薯、刨薯和晒薯的人们。嘹亮悦耳的山歌声,不时在山林间引起回音,爽朗的笑声一阵接一阵地传来……

耀眼的太阳,高悬在半空,快近中午时分了,所有人感到越来越热了。有的人脱去了夹衣,姑娘们的包头巾也当揩汗巾使用了。只有从茂密的森林里送来的一阵阵微风,才给正在紧张工作着的人带来几分凉意。杨队长坐在一棵光秃秃的小树下,光着头晒个大半天,闷头闷脑,像喝醉了酒一样。他确实想到相距仅七八步的山坳里去躲躲阴。刚一站起来,心里说:不行!那里不能望到远处,为了群众,为了革命,多流一点汗算什么!他于是又在原地坐下来了,仍然目不转睛地注视着塘城那个方向。

晌午了,他独个儿寻思着:曹家那些土匪大概被我们揍怕了吧!早十天前,缴了他们七支崭新的"快火",打得他们屁滚尿流地逃跑了,他们再也不敢来侵犯咱苏区了!整个上午平安无事。

太阳偏西了,一切还是很正常。杨队长打算下岭帮着担薯去,他再一次仔细地向四面望了一遍,突然发现靠塘城那面的山脚下有二十多个黑点,向着我们这个方向移动。他"刷"地一下站了起来,疾步走到一座坟堆上仔细地瞧着。黑点渐渐地移近了,已经能隐约地看出是人。敌人?他的眼珠子也不停地转动着。这一定是敌人的鬼把戏。他们想乘太阳刚要下山,我们又毫无防备的时候,来个出其不意的袭击。要不,为什么会挨到黄昏呢?为什么不走山下的大路,而从灌木丛生的山背爬上来呢?他觉得这个判断是正确的。明的打不过,又想来暗的。杨队长越想越气愤。

杨队长盘算了一下,敌人爬过山头,顶多只需要个把钟头,回去集合赤卫队,已来不及了!于是,他决定想个别的办法来对付敌人,不让白匪踏进苏区!虽然背了一把马刀,但这只有肉搏时才能用得上,如果全凭我一个人冲到敌人面前,用马刀来大砍一顿……不是个退敌的方法。现在的问题是要在敌人未进苏区之前把他们赶跑。杨队长从腰里拔出了一支枪,却没有子弹,他只好又把它插回腰里。就在这时,插枪的手碰到了藏在身上的牛角号,他灵机一动,高兴极了,对着牛角号自言自语地说:"好了,退敌就全靠你了!"他便掉转头来,风驰电掣地向晒薯的人群跑去,大声地喊着:"同志们,敌人来了。"人们听到这一喊,都放下了自己的工作,不约而同地愣了几秒钟,接着骚动起来了,有的竟回身就跑,但跑了三四步,可能觉得"跑"不是个办法,又折了回来。这时,杨队长已经跑近他们的身边。大家便把他团团围起来,急着请求赶快想个退敌之计。

杨队长站定了身子,把牛角号一晃,手往腰上一撑,很镇静地说:"大家不要慌,敌人这次是想趁我们没有准备,来袭击我们。我们要装作做好了充分准备的样子,等我把牛角号一吹,你们就擎着木棍、薯耙,大喊打……"

"什么？叫我们拿薯耙、木棍打，怎么打得过有'快火'的敌人呢？"大家打断了杨队长的话。

"是的，乡亲们，别怕呀！尽管我们没有武器，但胜利还是属于我们的。因为敌人不知道我们的虚实，何况这些家伙以前吃过亏，晓得咱们的厉害，他们只要听见牛角号一叫，就认为我们有了充分的准备，一定会抱头鼠窜。"杨队长解释着。

大家静了下来，忽然，一个年老的农民发表意见："众位！我看还是跑好，人家用'快火'打，好远都可以打中，我们用这些木头怎么对付得了？"话音刚落，马上就有三四个人抢着质问："跑！我们的家呢？难道乖乖地让那些千刀万剐的掠夺我们的财产、烧掉我们的房屋吗？"那位老农民的意见遭到了大家的反对。

"同志们说得对，我们的家一定要顾，如果敌人进来了，村里吃亏不小。再说，我这个打先锋的不怕，你们怕什么？"杨队长给大家壮着胆量，又从肩上取下了马刀，说："我这把马刀谁拿去用？大家赶快找武器去，事不宜迟，敌人快来啦！"经他这一说，大家的心稳了。刚才主张跑的那个农民很快接过了杨队长的马刀。

杨队长跑了两步又回转身来，向大家叮嘱："还有，那套赶野猪的锣鼓也一定要拿上山去打！"

于是，群众都拿起木棍、扁担、锣鼓等东西，飞似的朝山上奔。

杨队长五六分钟就到了山顶上。他一看，白匪正鬼鬼祟祟地端着枪弯着腰向山上爬来。原来敌人确实是想"偷袭"。他们还以为苏区人民不知道呢！杨队长见敌人已上到半山腰，全身肌肉猛地绷紧了，眼睛里放射着愤怒的光，扬起牛角号用力地吹了起来："呜、呜、嘟呜、嘟嘟呜……"号声轰动山岭。匪军一听见号角响，马上停步，不敢继续前进，手足无措地乱成一团。

这时，各个山头上发出了"打呀！""缴枪不杀！"的嘶喊声、锣鼓声，顿时好像山崩地裂似的，持刀执棍的人们，远看起来真像一支装备齐全的红军。"同志们！没有命令不准开枪！"杨队长故意对着我们苏区群众大声地喊。接着他又转向白匪军逃窜的方向，放开了嗓门，嚷着："白军兄弟们，你们不要为土豪劣绅卖命！不要跑！投降的就不杀！"各个山岗的人们，一支向左，一支向右，从山的两翼压了下去,好像在分兵包围山腰里的敌人。

敌人看见这个情形,早已吓得魂飞魄散,认为红军早有准备,自己中了埋伏,便掉转头,狼狈地朝山下逃命。这时,杨队长便很快地从小路向敌人的归途旁边插去。敌人大部分已经跑了,他转过一个弯,一个麻脸的土匪正狼狈不堪地窜了过来。杨队长提起独子枪从土墩上跳了下来,挡住了他的去路,同时大喝一声:"站住!缴枪不杀!"那个麻脸家伙一见有人冲下来了,更吓得面如土色,狗急跳墙,他端着步枪,企图顽抗。杨队长眼明手快,见势不妙,一个箭步就跃到敌人面前,抓住敌人的枪管往上一推,"砰"的一声,子弹向空中飞去,于是两人便扭成一团。正在这时,从后面又跑来了个脚已经跌得一跛一跛的敌人,他见只有杨队长一个人在抢枪时,正准备抡起枪托从后面打,杨队长早已听见后面的脚步声,急中生智,把抢枪的手一松,提起脚来使力地往麻子腹部踢去,只听见麻子"哎呀"一声,连人带枪滚到河岩下去了。那个跛脚敌人跑得太急,不小心,向前一个踉跄,杨队长乘着这一下把跛子放倒在地,枪也到了杨队长的手里,并对准了跛子的脑瓜子,吓得跛子大喊:"我投降!饶命!"

这时,山上的人从四面八方冲了下来,把俘虏绑了起来。那个年老的农民到了河岩下,拾起了麻子土匪那支已跌断枪托的步枪,大伙儿押着俘虏,唱着"看啊农友们!战争开始,放下我们的锄头,武装上前线,勇敢向前作战,拥护苏维埃……"的歌儿,高高兴兴地朝区苏维埃的驻地走去。

红 色 故 事

立体宣传海陆空

潘福新

土地革命时期,修水苏区曾活跃着一群聪颖机巧的儿童团员,他们的许多脍炙人口的故事至今还流传不衰……

1932年春的幕阜山区,遇上了一场罕见的"倒春寒",一夜之间,大雪把整个山山岭岭染成一片银白,气温骤然降至零下,村子里的屋檐上结满了硬邦邦的冰凌花,山野变得更加空荡荡,弥漫着无边的萧索。

酷寒笼罩大地,却无法阻挡春天的坚实步履。修河沿岸的那一排排杨柳,枝头已绽开稚绿的新芽,在肃杀的天宇下,竞相擎起了千百面春的旗帜。

靠河的一株柳树下,站着县委宣传部部长杨树春,他已经在这里站了好长时间了。只见他眉峰深锁,于凛冽寒风中凝立如塑,一副心事重重的样子。

蒋介石发动第三次围剿失败后,贼心不死,又调集重兵五十万,组织起对各苏区的第四次大围攻。小小修水弹丸之地,人口不过二十万,地域不出方圆百里,蒋介石就投下正规军二师一旅,采用德国军事顾问提供的堡垒战术,步步为营,妄图在狭小的区域内和我军决战,达到其一举歼灭红十六军的目的。

在这种黑云压境的紧张形势下,龟缩在县城的土豪劣绅和各种反动势力又重新活跃起来,他们组织起还乡团,配合白军到苏区烧杀抢掠,残害革命群众,给根据地的建设造成了很大的损失。

为了打击敌人的反革命嚣张气焰,坚定人民群众对革命事业的必胜信心,省委指示要加强对白区的宣传攻势,以配合近阶段的拥红扩红工作。

然而,今春以来,敌军的警戒已大大加强。尤其白区中心的据点,敌人更是三步一岗,五步一哨,盘查极为严密,给宣传工作带来了很多麻烦。杨部长一时也想不出什么恰当的对策,几天来食不甘、寝不寐,心中如火燎般焦灼。

"杨叔叔,杨叔叔……"一阵清脆的童音突然响起,把他从遐思中唤回。

"杨叔叔,我们到处找您,原来躲这儿来了。"一群孩子从远处嬉笑着跑来。

"杨叔叔,您不是答应今天给我们讲故事吗?"孩子们围住他七嘴八舌地问。领头的是儿童团团长于红姑,她手里拿着一只大风筝,正歪着脑袋站在他面前。

"叔叔今天有事,改日再给你们讲,好吗?"

"不,不!今天讲,今天讲……"孩子们又乱糟糟地嚷开了。

"今天真的没空,叔叔有项重要任务还没完成。等任务完成了再给你们讲好多好多的故事,行啵?"杨部长平日最喜爱这群天真的孩子,便耐心地向他们解释。

"什么重要任务?交给我们儿童团去办好了。"红姑一听有任务就上劲儿。

杨部长苦笑着摇头:"不行不行,这件事小孩子可办不了。"

"小孩子?!"红姑喊叫起来。杨部长这下可捅了"马蜂窝",只见红姑噘着嘴,愤愤地嚷:"你去问问大家,交给我们儿童团的任务哪回没完成?"

红姑是儿童团的主心骨,孩子们都看她的眼色行事。果然她话音刚落,大家便跟着鼓噪起来:"杨叔叔坏,乱讲。要不得!要不得!"

杨部长被缠得没法,只好让步:"好吧,我把任务告诉你们,大家来想想办法……"

儿童团全体会议在县苏维埃后面一间碾坊里进行,主持人是于红姑。杨部长口嚼烟斗,笑眯眯地蹲坐一旁当了列席代表。

红姑跳上一盘石磨,小脸绷得铁紧,大声说:"今天召集大家开会,是讨论如何把我们的宣传工作做到白区去,叫反动派吓破胆,革命人民乐开花。现在请大家积极发言,多想办法。"

这些年红姑受了杨部长的不少熏陶,居然满嘴新名词。但她没有把事情的来龙去脉交代清楚,许多不知情的孩子听得稀里糊涂,纷纷张口询问,碾坊里顿时像开了锅,许久才平静下来。

一位头扎羊角辫的小女孩首先发言:"我想个办法,用大风筝把宣传品漂过白区去。"

小女孩无疑是被红姑放在墙角里的风筝触发了灵机。

紧接着一个皮肤黝黑的小男孩"霍"地站起来,大声嚷嚷:"我也提个办法,苏区是白区的上游,我们可以扎竹排,把宣传品从修江漂到白区去。"

男孩们都爱嬉水,听到这个主意,一致站起附和,欢声如旱天雷,碾坊里比过年还热闹。

讨论进行得十分热烈,大家纷纷出主意,想办法。只有红姑一人盘坐在石磨上默不吱声,一副若有所思的样子……

红姑并不是县苏所在地的渣津人,原来家住县城。父亲是当地有名的纸花匠。有一年伪县长严家驹死了老子,约她父亲去他家扎奠字花圈。在给花圈写条幅时,红姑的父亲不小心把严家驹的"驹"字写得潦草了,看上去极像一个"狗"字。严家驹当即大怒,叫人打折了红姑父亲的双腿,并把他一家人驱逐出县城。红姑一家尝尽颠沛流离之苦,后遇红军救助,才在渣津镇安居下来。这件事在红姑心里种下了对反动派的刻骨仇恨,每回想起来就怒火填膺。

小伙伴们的发言使红姑受到不少启发,经过一番思索整理,一套行之有效的制敌方案在她脑海里渐渐形成。

红姑站起叫大家安静,然后向杨部长说:"杨叔叔,我在大家发言的基础上想了一套方案,您听听要得啵?"

杨部长微笑点头:"你说出来大家听听。"

红姑抑制住激动的心情,面向大家一字一顿地说:"我想的这套方案,名字叫作'海陆空立体宣传战,儿童团花灯显神威'……"

经县苏维埃批准,杨部长组织了一支"海陆空"宣传突击队。"海",由男儿童团员组成,专管漂放竹排;"陆",由县苏宣传队组成,负责潜入修城张贴标语,散布传单;"空",由女儿童团员组成,专管施放风筝。

一个月后,儿童团做好一百只大风筝,二百条小竹排,三百盏孔明灯,写了数不清的标语传单。另外,红姑在她父亲的指点下,还亲手扎了个特大号的奠字花圈,花圈上贴着大幅对联,预备到时候送到县衙的大门口去。

一切安排妥当,万事俱备,只欠西风(苏区在县城的西向)。

1932年5月的一个傍晚,杨部长率突击队秘密潜伏到离县城十多里地的修江上游。午夜时分,月色朦胧,西风悠悠,杨部长一声令下,二百条竹排顺江水浩浩荡荡漂流而下,一百只风筝乘风势飘飘扬扬直上九霄,就像二百条战舰、一百架轰炸机直扑反动派的中心根据点——修城,孔明灯的光芒红了半边天……

午夜的修城一片静寂,偶尔传来几声犬吠和巡夜敌军的喝斥声。

保安团值日连长严歪嘴出门去查哨,走到城楼上,忽然发现西边的天宇下出现许多红点点。红点越来越多,越来越大,向修城方向冉冉飘来……严歪嘴揉了揉双眼,先是诧异,继而恐慌,忙踢醒正在打瞌睡的城楼哨兵,然后嗷嗷喊叫着往回跑,活像一只挨揍的癞皮狗。

县衙伪县长严家驹正拥着姨太太做香甜梦,忽被一阵剧烈的敲门声惊醒,不觉大怒,打开房门呵斥:"是哪个混账东西,半夜三更喊魂!"

"叔公,是我,不好了,不好了!"严歪嘴是严家驹的远房侄儿,原本是一个市井流氓,因调戏妇女被人揍歪了嘴巴。严家驹当上县长后,他也跟着鸡犬升天,拉着其叔的衣角弄了个连长干干。

"不好了,天上……天上……"严歪嘴手指天空结结巴巴地报告。

"天上怎么了?"严家驹被弄得满头雾水。

"天上出现好多好多发光的红点。"

"有这样古怪的事?"严家驹满心疑惑,便与严歪嘴一同来到城楼上。

这时,近百只大风筝已拖着长长的尾巴从天而降,孔明灯的红光照彻了整座修水县城。一些白军士兵拾起标语争相传看,严家驹上前一把夺过,见上面写着:

打到修城去,活捉严家驹!

士兵不打士兵,穷人不打穷人!

欢迎白军士兵拖枪投诚!

红军必胜,白军必败!

巩固苏区,扩大红军!

…………

各类标语口号,总计不下一百条。末尾写着:红十六军政治部宣。

严家驹的心里吓得砰砰乱跳,但仍强作镇静,鼻子里哼出一声冷笑,"嘿嘿,伢崽把戏,都是些赤色宣传,烧掉,统统烧掉!"

俄顷,城南方向传来密集的枪声,严家驹大惊失色。

原来突击队施放的竹排已漂至县城附近,白军士兵被风筝上的标语传单搞得秩序大乱,忽见满河火光,误以为红军来攻城,一时慌了手脚,便胡乱放起枪来。

一个白匪兵跑得满头大汗,匆匆登上城楼,向严家驹报告:"不好了,红十六军来攻城了!"

严家驹吓得目瞪口呆,连忙来到城南,向修河上游举目望去,果见一片火光冲天,越来越近,山峰河流被辉映得历历在目。严家驹再也沉不住气了,忙命令严歪嘴:"快通知县党部书记和赵团长,火速到县衙开会!"

严家驹率众急急往回赶,走到县衙前,见门口两个卫兵早被人宰了,血流了满地,大门口堵上了一只大的奠字花圈,上有对联一副:严家狗魂归地府,反动派哭叫皇天。

这下严家驹可真的吓破苦胆了,脸孔煞白,嘶声喊叫:"快,把花圈搬掉,搬掉!"

尔后在伪县政府举行的紧急会议上,严家驹一味地主张逃命:"……为将之道,当能柔能刚,能伸能屈,现敌人来了一个军,而我们城里守军才一个团,敌众我寡,切不可逞匹夫之勇。况敌情不明,外有强敌,内有奸细,抵抗无异以卵击石!故鄙人主张把部队撤进安坪小水一带深山,暂避敌之锋芒。留得青山在,何惧没柴烧!诸位以为如何?……"

趁着黎明前深浓的夜色,严家驹率队逃出修城,急急似漏网之鱼,惶惶如丧家之犬,途经小水一座陡峭的荒山时,后续队伍中一个白军士兵不小心枪支走火,招来前军的一阵乱枪,严家驹误以为红十六军追上来了,吓得一个跟斗滚进山沟,摔折了一条腿。从此严家驹变成了严瘸狗,让修水人民笑掉了大牙。

红色歌手破敌匪

赖显生

晏友清出生在一个贫苦家庭。他有六兄弟,大弟被敌人杀害,有四个弟弟给地主当长工,他一家被白匪军弄得家破人亡,敌人的罪恶激起了他复仇的火焰。20岁那年,他参加了红军,走上了革命的道路,在党的培养下,担任过区委书记和县工会委员长,1933年,在一次战斗中光荣牺牲了。

晏友清从小就天真活泼,爱唱山歌,会说快板,有一副好嗓子,乡亲们都夸他是红色歌手。参加革命后,他更是用自己的歌声揭露敌人的罪恶,启发唤起人民群众的阶级觉悟,鼓舞了群众的斗志,人们又称他是"机关枪手"。

有一次,民团匪首胡少雨、卢运和带领数百人占领上源的一个山头,敌人张牙舞爪,妄想把红军赶下山全部吃掉。坚守在太清山头的红军战士,个个摩拳擦掌,打败了敌人一次又一次的进攻。激战了三天三夜,敌人伤亡重大,死的死、伤的伤,个个筋疲力尽,垂头丧气,士气低沉。晏友清看准了时机,他想,宣传攻势的时候到了。他带上一副夹板,摸到山头的高峰,居高临下,一会儿躲在大树下打一段快板,一会儿又跑到岩石旁唱几句地方的山歌。这时一个和他同乡的民团团丁邓定轩,听到是晏友清在向他们唱歌,心想千不该万不该为国民党卖命打自己的穷苦兄弟,于是他干脆偷偷地闪在一个偏僻的杂草丛里静静地听着,这一切晏友清都看得清清楚楚,抓住时机,对着邓定轩的方向高声打起快板来:

端坐马上把兵扬,叫一声民团团丁听端详。

我今与你有话讲,你要细听细思量。

你为什么烧房屋,你为什么杀民众?

你为什么要起苛捐粮,你为什么丢爹娘?

穷人本是一家人,受苦受难怎能忘。

说到这里,晏友清发现敌人那边没有了动静,劲头更足:

民团团丁听我言,民团团丁想一想。

不为穷人闹翻身,专为敌人丧心良。

兄弟姐妹在等你,

还有把你亲生亲养的爹和娘。

快快醒来快快醒,

拿起枪来调转头,

站在工农战线上,誓与豪绅地主战一场……

晏友清的歌声,字字句句扎进了敌人的心窝,打动了团丁们的心。团丁们交头接耳,叽叽喳喳。有的大骂说不该来当团丁,有的放声大哭。这时邓定轩也呜呜地哭了起来,说:"兄弟们,你们听见了吧,刚才那个唱歌的就是和我一个村子里的,他唱的句句是实话,穷人不能打穷人,我们干吗要为国民党卖命呢?"团丁们悄悄地你一言我一语,对国民党越来越气愤。

这时,晏友情知道团丁们已经动摇了,亮开嗓门喊起来:"回来呀!你的家被白匪抄啦,房屋也被烧了,不要再为国民党卖命啦,咱们穷人是一边,要翻身,要做人,要当家做主人。"他这一喊,使敌人乱成一团。

第二天半夜时分,大地一团漆黑,伸手不见五指,邓定轩带领一群团丁拖着枪向我军投降,一见到红军,他们个个哭丧着脸说:"我们也是穷人,当过长工,地主剥削我们,饭也吃不上,真不该穷人打穷人啦!"

第二天天亮,团丁们走的走,溜的溜。一些顽固的敌人龟缩在一起被我军猛烈攻击,战斗不到一个小时就结束了,我军取得了最后的胜利。许多团丁在晏友清的宣传攻势的影响下投降我军,当上了红军,壮大了我军的队伍。

晏友清就是这样用他朴素的歌声深入到斗争中去,唤起了民众,瓦解了敌人。有时他的歌声比子弹的威力还要大,敌人一听到他的歌声就动摇军心,从而使红军节节胜利。至今,他的歌声还在苏区人民心灵中留下了不可磨灭的印象。

鱼水情深军区桥

涂福新

地处赣鄂边界的修水古市镇画坪村,有一座巍峨的桃峰山。周围绵亘重叠数十华里。境内悬岩峻峭、森林茂密,主峰桃花尖高高耸入云端,是一个景色绝佳的好去处。世代居住在这里的贫苦山民,他们日出而作,日入而息,汲水而饮,耕猎而食,过着与世无争的清贫生活。

顺山谷底的青石古道径直往南走,就可抵达龙口村。这里三面环山,一面临水。滔滔滚滚的乌龙河就像一条张牙舞爪的虬龙,从高山蜿蜒直下,隔断了百里桃峰和外界的联系。

乌龙河水流湍急,沿途经过的都是峭壁深谷,到龙河渡口才渐渐形成宽阔平稳的河面。于是,这里便成为贯穿山内外的交通要隘。

龙河口上自古就未有过一座桥梁,过河全凭一条木船摆渡。

并不是山里人没有建桥的愿望,而是有人不许建。

也不知道从哪朝哪代开始,这渡口便姓了龙,成了大地主龙霸天家的私产。山里人想出门办点事,或谁有事想进山去,都必须经过这龙河渡口,坐龙家的渡船。龙霸天把船价抬得天高,因此赚了不少黑心钱。

龙家有钱有势,家里养了家丁打手,又勾结官府,谁也惹不起他。龙霸天常洋洋得意地宣称:"我龙家文不向人借笔,武不向人借刀,谁又能奈我何?"

山民们敢怒不敢言。

桃峰的老辈人中间流传着一个这样的神话:龙河口上早先曾有过一座桥梁,是桃花尖上的桃花仙子垂悯下界山民们过河困难,解下腰间的五彩缕带抛过河去变化而成的。后来被居住在乌龙河底的恶龙用电劈碎。这条恶龙便是龙霸天的祖先。它不许人们在河上建桥,是想让它的子孙万代永远独霸一方。

然而村子里偏有人不信这个邪,年轻石匠陶山成邀一批血气方刚的后生崽,顶着星星、月亮苦干一个月,眼看两边桥墩的石料就快要备齐,被地主龙霸天知道了,他派家丁打手把他们捉去县城蹲了大狱。

从此桃峰人民绝了最后一线希望,只有站在河边上望着滔滔东去的河水发出一声声沉重的叹息……

1934年夏,湘鄂赣省委省军区率红16师进入画坪。为发动民众,建立起新的红色根据地,省委和部队组织了十多支宣传小分队,深入到各个边远山村宣传革命道理。

战士们住石洞,咽野菜,严格执行各项群众纪律,可出人意料的是,在这老苏区,山民们对红军心存疑虑,宣传工作收获甚微。

原来在部队进入画坪之前,地主龙霸天已抢先一步做了许多反动宣传。

为尽快打开局面,粉碎敌人的阴谋,省委指示部队要迅速找出宣传工作的突破点。

这天下午,红16师师长高泳生从省委开完会回来,心情十分忧虑。人生地疏,情况不明,难坏了这位作战勇猛的红军指挥员。

夕阳已收起最后一抹霞光,夜色渐渐笼罩大地。高师长背着双手在石洞前的草地上来回踱步,苦苦思索着发动群众打败敌人的方案……

在第五次反围剿斗争中,左倾机会主义的瞎指挥使红军遭受了很大的损失。部队面临困境,亟待休整、补充。可得不到当地人民群众的支持,这一切又从何谈起呢?

"师长!"身后有人轻轻在叫。

高师长回转身,面前站着警卫员陶山成。

当年石匠陶山成与几位伙伴一同被地主龙霸天抓去蹲大狱,是红16师攻破县城才把他们救了出来,从此陶山成便成了一名红军战士。

他怀着对国民党反动派的刻骨仇恨,作战非常勇敢,颇受高师长器重,把他从基层连队调到身边担任了警卫员。

"师长,您两夜都未合眼了,进去休息吧!"陶山成轻声央求。

高师长看到陶山成,紧锁的双眉渐渐舒展开来。他想,要了解情况,还得借

103

助这些桃峰籍的战士。他微笑着问:"山成,今天开会的内容想必你也听到了吧?"

山成点点头。

"你是当地人,情况比我熟悉,能不能拿出个主意来?"

山成忽地涨红了脸,磕磕巴巴地回答:"师长,刚才……刚才我与几位同乡还……还讨论这件事呢!我们想了个办法,正要说出来给您听听,看行得通啵?"

高师长微笑点头说:"群众是真正的英雄嘛!你只管说,我参谋参谋。"

师长的鼓励使陶山成勇气顿生,一扫犹豫腼腆之态,侃侃而谈:"桃峰山区地势复杂,人口分散,光靠几十名宣传队员是起不了多大作用的。我们琢磨了一下,地主龙霸天的反革命宣传之所以能够奏效,那是被他占了地利。龙河渡口是通往山内外的必经要道,在渡船上散布谣言是最有效最便捷的方法……"

山成停顿了一下,只见高师长十分注意地听着,两眼在黑暗中灼灼发光。

"根据这个特点,我们提议在龙河口上办几件深合民心、有影响、有震撼力的事情,一举打开当前被动的局面。这几件事情是:一、立即组织部队在龙河口上架设一座桥梁,解决人民群众过河的困难。在河上建桥,是桃峰民众很多代人梦寐以求的心愿,办好了这件事,何愁人民群众不拥护我们!二、镇压大地主龙霸天,灭反动派的威风,长人民群众的勇气。龙霸天是桃峰山区最大的土豪,是当地反动势力的主心骨,打倒他无疑是对敌人反动气焰的迎头痛击。龙霸天鱼肉乡里,作恶多端,也该到了讨还血债的时候了!三、在镇压大地主龙霸天的同时,宣布将龙河渡口收归全体桃峰人民所有。这是一件至关重要的事情。多少年来龙家就是凭着这龙河渡口的所有权盘剥乡民。办好这件事就能使广大人民群众放下心来,相信红军确实是穷人自己的队伍,共产党是为人民群众办事的。那么所有的反革命谣传都会不攻自破……"

"说得好!"高师长击节赞赏,"山成,想不到你还是位足智多谋的小诸葛呢!"

说干就干,经省委批准,一场架设石桥,为桃峰民众造福的建桥行动便在龙河口上如火如荼地展开了……

为了赶在洪峰到达之前把桥架好,高师长亲率部队顶着凛冽的寒风上山采石,隆隆的爆破声如一阵阵春雷响彻整个龙河渡口的上空。

当年的小石匠陶山成又拿出了压箱底的手艺,与伙伴们精雕细琢,磨平了数十把石凿,打起了两手血泡,连续奋斗一个多月,终于把采下来的石料全部琢磨成器。一百多块漂亮的拱桥石整整齐齐一字儿排放在龙河边上。

红军在龙河口上架桥的消息如春风刮遍了桃峰的山山岭岭,吹进了山民们多年来紧闭的心扉,人们扶老携幼,挑着猪、羊、果、酒拥到河边。于是,一场军民鱼水交融的感人活剧便在这古老的龙河口上拉开了帷幕……

一位年过七旬、白须白发的长者拄着桃木拐杖颤巍巍地走到高师长跟前,感慨万分地说:"在龙河口上架桥,是我们桃峰人多少代人的梦想。过去只有桃花尖上的桃花仙子才能够办得到,现在你们居然办到了,你们真是天上派下来的神兵神将哇!"

高师长握住老人的手,和颜悦色地解释:"老大爷,我们不是什么神兵神将,我们是共产党领导下的工农红军,是咱们穷苦人自己的队伍,架桥是我们应该做的!"

老人听了,眨巴着昏花的眼睛,嘴里不停地念叨:"红——军?共——产——党?谢天谢地,我们穷苦人有救星了,有救星了……"

经过军民半个月的苦战,大桥终于快修成。红军战士与当地青年肩并肩地站在冰凉刺骨的河水里,把最后一块拱桥石举过头顶,嵌牢在石桥的中央……

大桥竣工的那天,部队在龙河口上召开了公审大会,桃峰民众愤怒控诉了大地主龙霸天的种种罪行。会议宣布了他的死刑,随着一声枪响,龙霸天那肥猪般臃肿的身体栽进了滔滔乌龙河水之中,见他的恶龙祖宗去了。

大会结束时,高师长站在桥头向桃峰民众讲话:"我代表湘鄂赣省苏维埃政府宣布:从今天起,将龙河渡口归还给全体桃峰人民。从此,龙河渡口是人民群众的渡口,桃峰山区是劳苦大众的天下,红军永远和你们站在一起!让我们手挽手,肩并肩,向整个旧世界挑战吧!"

如雷的掌声、欢呼声此起彼伏,震耳的鞭炮声响彻云霄,山民们敲锣打鼓,喜气洋洋,龙河口上比过年还要热闹。

根据与会群众的一致要求,大桥被定名为"军区桥"。陶山成眼睛里蓄满了激动的泪花,拿起石凿走到桥基石边,端端正正地刻下了"军区桥"三个大字,刻下了桃峰人民对共产党、对人民子弟兵永不忘的深厚感情……

斗转星移,岁月匆匆,转眼几十年过去了,"军区桥"依然屹立在龙河口上。如果读者诸君有兴趣的话,那么请您抽空到龙河村去,站在村前的小山岗上,您就可以看到:在早晨冉冉升起的旭日霞光的映照下,"军区桥"就如同一道五彩的长虹,飞架在乌龙河上,巍然耸立在广大人民群众的心底里……

黄坊歼敌奏凯歌

钟声波

黄坊离渣津3公里,东西延伸着两条山脉,南北川道里是一条崎岖小道,小道两旁群山连绵,和小道并行着的是一条弯弯曲曲的小河。1931年11月16日,国民党刘夷独立32旅两个团和伪江西省保安团,在先侦得修水马坳、渣津地区均无红军后,长驱直入,妄图捣毁湘鄂赣省委省苏驻地——上衫。中共湘鄂赣省委早已洞察敌人的险恶阴谋,红十六军一个团早已奉命回师修水,与独立3师、修水赤卫警卫一、二营和区游击队一道,先以小股力量且战且退、诱敌深入,另外,自马坳至渣津一线设下埋伏,在渣津黄坊设下"口袋"。

临战前,战场上竟死一般的沉寂,空气也凝固了似的,闷得慌,战士们以最大的耐性在等待着。

从旭日东升到夕阳西坠,战士们的眼睛都快要望穿了,心像爆炸似的,可是还没见敌人一丝影子,战士们你一言、我一语纷纷议论着:"是不是敌人知道我们在这里不来啦!""别瞎猜,不会白等,放七十二条心。""这些家伙大概不该死在这里。"尽管观点不同,可只有一个心眼,恨不得敌人马上来,好打他个痛快。

狡猾的敌人知道红军善于山地夜战,所以日头刚一偏西,他们就停止了行动。

山村的冬夜寒风阵阵,战士们虽然穿着粗布棉衣,在山岭上要度过一夜,仍然很冷,有的搂着枪缩作一团,有的被冻醒了,望了一下闪烁的星星,脖子往领口一缩又闭上了眼睛。好不容易熬过一夜。

鲜红的太阳斜射山坡,晴朗的天空没有一丝云彩,敌分三路渐次进入"口袋",一路从杨垄到狭井,一路从高庄到马塘埂,一路从麻坞到万家山,向黄坊墩搜索前进。敌人进黄坊界,"砰、砰"几声枪响,"嘶"的一声,流弹划破了沉寂的山谷,战士们个个惊目扫视,眼尖的早瞧见了,乐得说:"敌人来啦。"我军按兵不动,只有部分群众在收拾东西向山上跑。敌人像狗熊一样,傲慢地向前蠕动。当官的骑着马,贼眉贼眼往两边山上看来看去。士兵们有的歪戴帽子,用枪挑着行李,低着脑袋只顾走。刚才的枪声原来是敌人两个搜索排沿着两边山梁边走边打的,好像这样可以达到清山似的,但是,谁也没理他,任他瞎放。敌人继而用机枪向塅中扫射,但仍无反响,便以为黄坊确无红军,即开始向东港方向前行,抄我省级机关后路。这时,"嘎、嘎、嘎",北沟口打响了,战士迎头截击了敌人,堵敌人屁股的部队也像闸门一样,迅速以机枪封锁了南沟口。敌人进退不得,便慌得往两边山上爬。全线如火山爆发,步机枪、手榴弹、地雷,交织成一片火海,霎时,声震如雷。

"同志们,冲呀!"战士们好似千万只猛虎,从后山一跃而起,扑向敌群。敌人像上了刀山,进退不得,马嘶鬼嚎,瞎碰乱窜,有的还端上有刺刀的枪硬拼,企图冲出重围,有的急忙抢占一个有利地形,进行顽抗。

满山一片"缴枪不杀"和"红军优待俘虏"的喊声。

只见尖刀排冲上半山腰,被偏左前方200多米的一个村口敌人火力点的一挺机枪打得抬不起头来,高个子排长随即命令:"三班长,干掉这兔孙!"这个出了名的射手,趁敌人换弹夹的瞬间,举起枪"叭叭"两下就放倒两个。大家高兴得连声喊:"打得好,打得妙!"赞声未落,只见三班长又一举枪,"砰"的一声,一个敌人刚露头,脑袋就开了花,机枪哑了,剩下的敌人扭身就跑。

四面枪声大作,杀声震天,敌人晕头转向,互相冲撞。在强大攻势下,敌人开始动摇了,端着枪哀求着"饶命、缴枪"。

"把枪口掉过去。"高个子排长大喊一声,趁敌人刚扭过枪,便猛力跃上山包,一个箭步抢过去,夺过那个高大敌人的机枪,把栓一拉对准敌群,这时左边敌人刚撤退要跑,便"突、突、突"一梭子弹放倒五六个。

"哪个跑打哪个,把枪放下,到右边凹地集合。"敌人乖乖地举起手,背着卸掉栓机的空枪向集结地走去。这次伏击战共缴获步枪437支,子弹4万余发,活捉敌团长1名,连长4名,排长以下官兵300多人。

战斗结束后,湘鄂赣省委开了祝捷大会,并奖给红十六军"坚强苦战"的锦

旗。修水苏区人民敲锣打鼓慰劳红军,并编了《黄坊大捷》歌,到处传唱,其歌词是:

> 反动派,黑心肠,
> 呜呼发喊打黄坊,
> 以为黄坊没人守,
> 谁知神兵扎山旁,
> 打得白军喊爹娘。
> 红军缴枪脚穿梭,
> 白军无奈红军何,
> 子弹缴到无其数,
> 机枪缴到三架多,
> 军民同唱胜利歌。

钢筋铁骨破敌胆

李宗裕

1934年的冬天,正是白狗子围剿苏区气焰凶狂的时候,樊梅生同志领着30多名游击队员,在画坪一带坚持与敌人斗争,白匪吃过不少的亏。樊梅生,修水画坪人,贫农出身,1930年时就离开了家,参加革命,担任路口苏维埃政府军事部长、游击队长。矮矮的身材,却挺结实,性情爽直,胆子大,在每次战斗中,不顾枪林弹雨,他总是一马当先。有一次,他领着五六个同志,跑到50多里的通城麦市,缴过葛皇甫部队的十几支枪。从此白匪只要听见"樊梅生"三个字,就吓得冷汗直流。

有一次,古市民团的头子胡名著,出动五六百人,疯狂地向画坪游击队大举进攻。经过一个星期的战斗,敌人虽然损兵折将,终究敌众我寡,粮尽弹绝,游击队不得不在一个深夜与白匪展开肉搏,进行突围。在突围中因樊梅生多次负伤,结果不幸被敌人捉住。他戴着脚镣手铐,被押到匪团部的驻地——汪坪。

在押到汪坪的当天,匪队长再三叮嘱匪徒说:"樊梅生这个土匪头子,像孙悟空似的,必须小心看守,若是跑了,团总要你们的狗命!"

一天黄昏时候,敌人的团部办公室里,早就点着了两盏微弱的煤油灯,摆着一张审讯桌,坐着一个两眼凹下、头顶上光秃秃的家伙,腰上挂着一支手枪,神气十足,那就是匪团总胡名著。桌子左边坐着个穿蓝布长衫的家伙,从他那一副狗腿子相,一看就知道是个凶恶狡猾的帮凶,他是胡匪的走狗,名叫桂尔冰。两边还站着几个团丁,手端步枪。这个办公室活像一个阴森森的阎王殿。

两个匪徒把樊梅生同志推进来了。

"看敌人的动静,今晚难免一场严刑拷问。狗日的!想我泄露党的秘密,真是做梦!"樊队长暗地里想着。

桂尔冰这时装腔作势地向两个匪徒吆喝道:"赶快搬把椅子给樊队长坐,怎

么不懂一点礼貌呢?"樊队长自然明白匪军在耍鬼把戏,想用情引诱他。

桂尔冰那个家伙嬉皮笑脸,装一副假仁假义的样子,凑近樊队长身旁,轻声轻气地说:"樊队长,请坐!今晚胡团总请你到这边来,千万别害怕,主要是跟你商量一件事。你是苏区的军事部长,又是游击队长,更容易办到。只要把哪些人是共产党员,哪些人是干部,你们游击队的枪支子弹、行动方向……一五一十地告诉我们,做兄弟的可以担保你没有一点事。"

樊梅生的眼睛睁得像铜铃样大,怒目扫视敌人,直挺挺地站在那里,没有说话。

"咦!老樊,怎么不讲话呢?告诉你,眼看红军马上就要被消灭了,如今是老子们的天下,不必顾这虑那。"桂匪拍拍梅生同志的肩膀说,"老兄,请吧!"

"不知道!"樊队长摇摇头说。

"梅生,别讲不知道吧!那些红军的事装在肚子里又有什么用呢?如果你能告诉我们,给你一个官当。有了官位,也能发财,一家荣华富贵。要不,胡团总的厉害,你是晓得的,恐怕你老婆、孩子的性命,也难保啦!老樊,你要好好考虑!"桂尔冰软硬兼施,想把樊队长的心打动。

这时,樊队长将头向左一偏,目不转睛地凝视着墙壁,想着:坚持斗争下去,自己死倒没有什么,可是连累了……心里一阵隐痛,两旁的匪徒不时地催着:"快说吧!"樊队长没去理会他们,仍在想:为了革命事业,为了穷人翻身,个人利益必须服从革命利益。他又想起入党时"不投降,不叛党,不出卖同志"的誓言,想到这里,好像一股电流通过他全身的每一支血管,浑身顿时充满了热量。他的脑子里立即浮现出一个坚强的信念:"这是考验,严峻的考验,决不能有半点畏缩!"

"好,我把情况给你们谈谈吧!"梅生的话音刚落,胡名著和桂尔冰信以为真,立刻现出了愉快的神情,把樊队长夸耀一番。

"苏区的干部和共产党员除樊梅生以外,还有一个'我'。"樊队长故意玩弄敌人说。

这一下,可激起了胡名著的怒火,马上现出吃人的兽相来,大声喝道:"梅生土匪崽!把你放到半斤上,你硬要爬到四两来。反正你是个'不见棺材不下拜'

111

的家伙,不给你点胡椒尝,你不会知道老子的厉害。给你三分钟的考虑,否则,哼!"

樊队长冷笑一声,说:"胡名著!劲头别太大了。还记得在坪上吧,你带一班人去,被我樊梅生一个人赶得屁滚尿流。胡土豪,你还打赤脚跑呀!"说完他又是一阵哈哈大笑。

胡名著的脖子气得谷箩大,两个眼睛瞪得像鸡蛋:"来!给我狠狠地打。"胡名著大声叫道。

两旁的团丁将樊队长按倒地下,棍棒像雨点般落在他身上,打得他鲜血直流,已经昏迷了。敌人用姜水把他灌醒。他身上虽痛得像刀剜一样,却咬紧牙关一声不响。随着,他愤怒地对着胡名著大骂:"名著恶贼!别说你打,就是杀,老樊也毫不在乎。"这时,桂尔冰又讨好卖乖地走近他的身旁,"啪"地一下挨了樊队长一个耳光,桂匪捂着脸倒退了几步。樊队长骂道:"人面兽心的家伙,哪个要你卖这样的'光油散'啦!"

胡、桂的肝肺气得都要炸了,命令匪徒搬出了一大堆残酷的刑具,什么辣椒水、棕索、押闩、老虎凳……梅生的脸上顿时显得更加严峻,眼睛睁得圆圆的,炯炯发光。尽管敌人用尽重刑,但还是没有从樊队长口里挤出一个字来。

胡名著哼了一声说:"他妈的,共产党员真是不怕死。"敌人已经绝望了,命令两个匪徒把樊队长推到屋前河洲去干掉。

两个匪徒像狼一样紧紧地揪住樊队长的左右肩,樊队长挺胸昂头地走出了大门。刚走到离河洲丈把远的地方,突然有四个人拿着雪亮的马刀,从路两旁的茅草里摸了上来,匪徒还没有来得及喊叫,人头早就落了地。接着,几个游击队员急忙抬着梅生,飞也似的朝红军医院跑去了。

十二双军鞋表真情

陈永久

1935年,东港三溪坳一带是红军游击队频繁活动的区域。这里的人民为革命事业做出了巨大贡献,至今还流传着十二双军鞋的故事。

寒冬,北风呼啸,茫茫群山之中,几间茅草房掩映在半山的丛林之中。屋内昏暗的油灯下,坐着一位年轻的女子,正飞针走线地做布鞋。丈夫樊国群说:"国英呵,鸡都叫两遍了,还不睡呀!"

"这才第四双,今晚一定要做好,离妇救会交给我十二双的任务还差得远呢,你睡吧!"

樊国群鼾声不绝,平国英聚精会神,不觉东方泛起了鱼肚白。

樊国群爬起床,妻子赶忙收场,丈夫挑水妻子做饭。当樊国群挑着一担水从屋侧横路上走到大门口地场时,他愣住了:"啊呀!保长大人,你早啊!"樊国群的脸上堆着笑,故意大声地说。只见保长一副趾高气扬的神态,身后跟着两个背枪的保丁,更是凶神恶煞。

"我们是来传达政府命令的,最近赤匪活动猖獗,为了保证你们的安全,乡里组织保安团逐户进行检查。"

平国英听到樊国群的招呼声赶忙停下手中的活,急忙向房间走去,因为她昨晚做的那双军鞋还放在桌上。两个保丁早已进去了:"你慌什么?莫不是这双鞋是做给赤匪的?搜!"

一阵翻箱倒柜之后,在床后的薯丝桶里三双军鞋终于被他们翻了出来。

"这是什么?"一个保丁喝道。

"是给我丈夫做的鞋。"平国英平静地回答。

"你丈夫一次穿四双鞋吗?这些布还能做多少双呢?"

一阵拳打脚踢,樊国群拼命地喊:"保长大人,保长大人,行行好,别打啦!"

平国英被打得鼻青眼肿,头破血流,昏了过去。几个家伙把四双军鞋和未做完的布料,一起丢在地场中间,放上一把干柴,点上火,扬长而去。

平国英醒来,觉得腹部剧烈疼痛,她流产了。

第二天,平国英躺在床上,对丈夫说:"你挑上一些干笋,到台庄去,卖了之后,帮我买些药,千万记住把做鞋的布买来,这做鞋的任务我是一定要完成的!"

樊国群挑上干笋,翻山越岭来到台庄。他把笋卖给了南杂店,给妻子买好药,又买好了做鞋的布,用早已准备好的一块旧布把它包好,揣在怀里,不觉夜色来临。他又一路翻山越岭往家赶。

"站住!干什么的?"敌人的一声吼叫把他吓了一跳,脚一滑,向悬崖下甩去。一阵排枪过后,大山之中又恢复了死一般的寂静。

樊国群醒来,摸摸自己的腿还好好的,真是天不绝人,摸摸胸前的药包,早已无影无踪,但做军鞋的布,依然还在自己的怀里。他拖着受伤的身体,回到了家。

平国英总结了教训,再也不在自己屋里做鞋了,而是躲到后山的薯窖洞里做。每隔两三天保长带着保丁来检查时,樊国群总是说:"我妻子流产了,到亲戚家养病去了。"一个月工夫下来,平国英的十二双军鞋胜利完成了。她把鞋用布包好,藏在薯窖洞里。

一天,大路上锣声喧天,保长扯开嗓子喊道:"明天我们三溪坳人,全部搬到靖林去住,不去者,以通赤匪论处,枪毙!"

樊国群夫妇被赶到靖林排形祠堂里集中住宿。夜里,敌人一个小时点一次名,当第三次名点完之后,已是深夜了。屋内鼾声四起,站岗的保丁在地场烤着火。平国英辗转反侧,怎么也睡不着,心里总是惦记着那十二双军鞋,想着必须把它转移到更安全的地方去。她碰碰丈夫的手,丈夫心领神会,夫妻俩不声不响地爬起来,轻手轻脚地从后门跑入了茫茫的崇山峻岭之中。

天刚亮,他们俩来到了薯窖洞门口,正准备进去取军鞋时,几把明晃晃的刺刀出现在他们面前。

保丁一拥而上,将夫妻俩绑了个严严实实。

"走!看你还通不通赤匪!"一枪兜打在樊国群的屁股上,他一个踉跄,撞在前一个保丁的背上。

"走！先游街，再杀头，让你尝尝通赤匪的味道！"一枪兜打在平国英的背上，平国英反过脸来，看看这最凶的家伙长什么样。

突然，从岩石后面窜出十二个彪形大汉，以迅雷不及掩耳之势，结果了几个敌人的性命。

"二位老表不要怕，我们是红军游击队，正在执行一项特殊任务，请问你们，这是怎么一回事？"一位红军战士说。

平国英说："我们这里的人都被敌人赶到别的地方去住，想切断我们与红军的联系。我做了十二双军鞋，藏在后山的薯窖洞里，怕敌人搜去，昨夜就从集中住地偷偷地跑了回来，准备转移或送到咱们的队伍里去，结果被敌人捉住了。"

红军战士紧紧握住平国英的手："你们真是好样的，红军不会忘记你们，老表，请问去平江怎么走？"

平国英说："国群，我们送送他们吧！这一带碉堡、岗哨特别多，怕出问题。"

"好！"于是丈夫在前面开路，妻子在后面断路，夫妻俩带着十二人的红军游击队穿梭在崇山峻岭之中，绕过了一个又一个碉堡和岗哨，终于来到了朗坤山顶。樊国群说："山下这条河叫圣地河，渡过这条河就到了平江地界。"

红军战士紧紧握住夫妻俩的手，激动不已。平国英打开挎在肩上的包袱，说："这十二双军鞋就送给你们吧，穿上它狠狠打敌人。"她亲手将一双双布鞋送到每个战士手上。

"多好的人民啊！"战士们激动万分，一一与夫妻俩握手告别。

太阳当空，夫妻俩站在高高的山顶之上，目送着红军战士消失在灿烂的阳光之中。

花家五姊妹抗暴

李 平

这是一个真实的故事,故事就发生在凤凰山下的修水县城里。

那是抗日战争时期,在修水县城——这个山旮旯里的小城西门外的黄家巷,住着这样五位妇女:她们姓氏各异,但相处得胜似亲生姊妹,说来也真奇怪,她们虽各出生于不同的家庭,并未有任何血缘关系,但脾气、性格却很相近,个个倔强、泼辣,趣味相投,相交甚深。虽然她们不曾结拜姊妹,也谈不上江湖义气,可平日里总爱攒三聚五,有福同享,有难同当,哪家有事,一唤即至。更有趣的是,在她们各人的名字里都含有一个"花"字,年长者叫陈兴花,依次为吴梅花、曾杏花、詹茶花和刘继花。因此,街坊邻居把她们称为"花家五姊妹",并按她们的年庚排下了座次。兴花年纪比梅花长十几天,这大花的芳名无疑属于她,梅花则为二花,杏花为三花,茶花为四花,继花是个过门不到一年的小媳妇,年纪数她最小,只得委屈点,排行五花,邻居们叫她"小花"。

1939年9月间,占领武汉的日寇冈村宁次派遣军一部自鄂窜入修水,并占领了修水县城。日寇在县城烧杀抢掠、奸淫妇女,无恶不作,这花家五姊妹也与全城百姓一样,早已深恶痛绝。

这一天,一个日军小队长带着几个日军士兵出县城西门,向西摆方向窜去,一路上他们烧杀抢掠,闹得西摆街鸡犬不宁。当日军小队长和另一个鬼子兵行至黄家巷口时,正巧与下河洗衣回家的三花和小花相遇。

鬼子小队长一见如花似玉的小花,欲念顿生,他嘴里一边嘀咕,一边朝小花扑去:"哟西,花姑娘的,漂亮的大大的。"

三花和小花一见鬼子,仇恨之火不点自燃,今天还要凌辱她们,更是怒火中烧,两人心下一合计:得要想个法子收拾他们。

未等鬼子靠近,她俩早已一个箭步冲进了巷内。鬼子一见花姑娘进了巷

子,哪肯舍得放弃,随后尾追而入,边追还边不停地嚎叫:

"花姑娘的不要跑!"

"花姑娘的停一停,皇军大大的优待优待的有。"

三花和小花凭着地利,东钻西穿,左进右出,一边与鬼子捉着迷藏,一边邀着另外的三个姊妹,策划着收拾这两个鬼子的妙计:由小花继续与鬼子兜圈子,负责引狼入室;由大花和三花负责找绳子在伏击地设置绊脚;由二花和四花负责携带柴刀埋伏在伏击地伺机而动。一切经简短计议妥当后,她们便开始分头行动。

再说小花轻轻溜出巷口,见两个鬼子已临近巷底的王家大屋,正在左顾右盼地往前搜索,为把鬼子吸引过来,好让姊妹们的准备赢得时间,她故意踩空铺路的石板,假装摔了一跤,让石板发出"咣当"巨响。

鬼子听见响声,回头一看,花姑娘竟在身后,掉头便朝小花追来。小花见鬼子上了钩,纵身从地上爬起,装出慌慌张张的样子朝另一叉巷跑去。

"站住,再跑皇军开枪了,你的死了死了的。"鬼子穷追不舍。

小花又躲进一家大门,等鬼子从门口冲过后,溜出大门又往回跑,鬼子也跟着往回追。小花牵着鬼子的鼻子,在这空空荡荡的巷子里转来转去,转得两个鬼子晕头转向。

这样转了几个圈圈之后,小花估计姊妹们的准备已经就绪,便引着鬼子朝预定的伏击圈跑去。

小花一头钻进巷子里的一家大门,身后的两个鬼子岂肯放过,边喊边叫紧追而入。

小花又钻进第二道大门,并顺手将门关上。两个馋鬼眼见花姑娘近在咫尺,哪还舍得让她轻易溜走,他们忘乎所以地尾随而至,用三八步枪的枪托砸开大门,端着大枪像饿狼似的往里屋冲去。

说时迟,那时快,早已埋伏在门后的三花和四花迅速收紧绊脚绳,紧紧地绊住那鬼子兵的脚。鬼子兵被这突如其来的一着重重地摔了个狗吃屎,那上着明晃晃刺刀的三八枪也被摔出去老远。

那鬼子小队长见势不妙,掉头便想往回跑,哪知道还未等他的双脚迈出门

坎,那只未及拔出的脚早被躲在门背的大花和二花用两扇厚厚的大门牢牢地夹住,一点也动弹不得。

此时,花家五姊妹把满腔的怒火化作无穷的胆略,齐心协力地对付鬼子。

这边,三花、四花和小花手里的柴刀像雨点般砍在那门内的鬼子兵身上;那边,大花和二花用预先准备好的绳子死死地捆住门外鬼子留在门内的那只脚,牢牢地绑在大门闩上,再搬出撑门石,把门稳稳当当地撑牢。尔后用柴刀将其砍死。就这样,花家五姊妹用三把柴刀和两根绳子利利索索地将这大门内外的两个鬼子收拾了,为饱受日寇蹂躏的修城民众出了口气,成了一时闻名遐迩的五烈女。

红 色 故 事

修水和平解放记

张思盼

"红军快要打回老家来啦!"

这消息在古老的修水山城不胫而走,人们悄悄地传递着,热切地盼望着。

江西省立散原中学、县立修水中学的师生在秘密地进行着迎接解放军的各项准备工作。深夜,散中紫花墩的火神庙亮着昏暗的煤油灯,高中部的几位学生在写写画画,聚精会神地编写《庆祝修水解放》特刊。

在修中后面那间空旷的教室里,散中、修中两校的部分进步师生正在轻声地练唱《你是灯塔》《团结就是力量》等歌曲。教室门外不远处,几位同学警惕地望着风……

5月中旬,人民解放军第四野战军43军129师386团在湖北蕲春胜利渡江南下。行军途中得到情报,说修水驻有国民党一个师,军首长随即命令129师到修水消灭这个师,部队到达永修白槎时得知这个师是杂牌军,原准备来一个师,后来只来了两个营。

6月16日,386团一部经三都至四都兵分三路,一路走北门,一路走西门,一路走青云门,于上午10时许同时开进县城。他们在修水民主自卫军的有力配合下,和平解放了修水,4504平方公里的红色土地重新回到了人民的手中。

日夜盼望解放的修水人民,听说当年的红军回来了,男女老少眉开眼笑,从四面八方涌向街头夹道欢迎解放军。散中师生手擎三角红旗在北门迎接,修中师生抬起了绘制在布架上的毛泽东戴八角帽的画像和《你是灯塔》歌词的组画赶来余家巷口迎接。解放军同志向欢迎群众挥手致意,他们停下来不进屋,原地坐在草地上唱歌。"毛主席万岁!""中国共产党万岁!"等口号声此起彼伏。从四面八方赶来的乡亲越来越多,他们看见解放军在阳光下席地而坐,汗水湿透了晒得发白的军衣,纷纷抬来了清水、凉茶,请解放军擦把脸、喝碗茶。

县城工农商学兵各界人士数千人以对亲人的深情厚谊,很快在衙前中山公园至五邑小学(即今凤凰商厦一带)门口集中,欢迎亲人,庆祝修水解放。解放军代表386团政治处主任唐占荫在群众的欢呼下即席讲演,宣告"人民解放军打回老家来了",引起了全场热烈掌声和欢呼声:"中国共产党万岁!""毛主席万岁!"

在衙前宝庆号墙上张贴着散原中学编写的足有半床地箕大的《欢庆修水解放特刊》,它点缀着这个大喜日子的欢庆气氛。特别引人注目的是《中国人民解放军布告》,人们兴高采烈地围观、朗读,字字句句说出了人民的心声。商家照常营业,街道上人来人往,秩序井然,人民安居乐业,笑逐颜开。

第三天,解放军以点名收编之计,解除了吴抚夷部队武装。吴抚夷这个旧军官在修水作恶多年,民愤极大。为恐其有变,解放军根据群众意见采取断然措施,先将其连以上军官带到散中礼堂,命令他们缴了械,再在五邑小学操场和爱莲池(今广场)一带,命吴部260多名士兵以及40多名伪军警缴械。

至此,修水县城获得了解放,修水人民迎来了新生。

这支部队在县城驻扎了一个星期,于6月23日奉命继续向南进军。

386团离开修水后,民盟、农工民主党及其所属民主自卫军担任了县城的防务,并且为过境解放军筹运粮食、物资,进行修桥铺路等支前工作。7月15日,471团政委李颜龄和袁州地委宣传部部长洪澍率领的解放军471团一部到达修水接防。中共修水县委和县政府的领导班子与工作人员一行73名同志也随军到达。

中共修水县委和县政府领导班子是7月初在南昌南下干部大队分工时,由袁州地委确定五名委员经省委批准的。于是,县委和县政府领导班子也理所当然地在这里应运而生了。

县委委员五人(分工)是:梁定商(书记)、吴平(县长)、肖峰(组织部部长)、许子谊(宣传部部长)、杨士杰(公安局局长)。

八一建军节,县城群众在新万寿宫(即今金城大厦)开会庆祝县委、县政府成立,工、农、商、学各界还开展劳军活动,拥军、拥政、爱民的气氛热烈。

7月中旬开始建立县委、县政府职能机构,县委设秘书室、组织部、宣传部、民运部；县政府内设财粮、教育、民政、建设四科和公安局。

修水当时由袁州地委、分区管辖，因远离宜春不便领导，县委、县政府成立还不到一个月，便接到上级通知，划归九江管辖，并调走了一批干部。

新政权刚诞生，百端待举，任务繁重，在县委的正确领导下，充分发动群众，依靠群众，进行接管工作。

7月18日，在县政府礼堂召开了各机关接管人员会议，宣布党的政策，被接收的约27个单位，其中属于中央管的有邮、电、税三家，属省管的有银行、散中、茶职学校、茶叶改良所、司法处，属县管的有县党部、县政府、警察署、修中、民教馆、稽征处、茶联社、参议会、两个小学、田粮科、县商会、总工会、看守所、义宁镇公所、县筹备银行、救济院、卫生院。接收工作至8月3日告一段落。

在此同时，还为过境解放大军筹措粮草。因任务繁重，县委于7月19日派出五个工作组下乡工作，共完成1,699,000斤粮的筹措任务。

7月间，解放军471团对民主自卫军进行改编，在285人中，一部分人编为解放军一个独立连，于21日办完交接手续。其余人员有的另行安排，有的遣送回家。

为适应全县开展工作需要，急需培养地方干部，县委先后办了两期青年干部训练班，梁定商兼班主任，吴平兼副主任，共培训干部220名。

苏区人民在欢庆胜利中迎来了新中国的诞生，修水山区在中国共产党的领导下，开始了翻天覆地的变化。

三块勋章一肩挑

刘烈根　张　涛

　　1910年农历八月的一天，阴云蔽日，秋雨绵绵，在修水县朱溪镇古木坑一间破草棚里，一个男婴呱呱坠地，迎接他的这幢泥坯堆成的破草屋，顶不挡雨，墙不避风，屋里家徒四壁，一无所有。父亲靠照看地主的祖坟，租地为生，不论收成如何，每年的14担田租那是一粒都不能少的。凄风苦雨中的农民唯一祈盼的就是风调雨顺，这男孩一生下来，父亲就给这个孩子取名樊道余，乳名"余伢子"，喻"年年有余"，期望孩子降生后年年有个好收成。

　　那年大旱，青黄不接，父亲咬着牙借高利贷维持一家人的生活。还不清的债务、繁重的劳作压得这个中年农民喘不过气来，他一病不起。1927年8月，樊道余的父亲在贫病交加中永远合上了双眼。那年樊道余刚17岁，为了母亲，为了弟妹，年轻的他挑起了父亲撂下的生活重担，继续耕种着那租来的几亩薄田和看守着地主的坟山，弟弟妹妹也帮着干活，连7岁的妹妹也不得不给地主家放牛。

　　俗话说，大旱必有大涝，1928年5月，平修交界的修水朱溪大雨倾盆，山洪暴发，冲毁了樊道余家的破茅屋。当时，小妹正在山上放牛，她怕牛跑了挨打，紧紧地拽住牛尾巴，然而湍急的山洪卷走了地主的牛，也卷走了八岁的小妹，母亲在山脚下找到小妹的尸体时，她的小手还拽着牛尾巴的样子。母亲抚尸痛哭，悲痛欲生！屋漏偏遭连夜雨，不料樊道余的大妹又重病染身，没钱医，可怜的母亲和年轻的"余伢子"只好眼睁睁地看着她离开人世。

　　沉重的债务，贫困的生活，使这个年轻的后生病倒了，没有钱看病抓药，眼看病情越来越重，母亲急得手脚无措，正在为难之时，村里谣言又起，说什么"余伢子"得重病是报应，因为他未过继给伯父做儿子，祖宗发怒了。因樊道余伯父没有儿子，"不孝有三，无后为大"的思想一直折磨着他，他看到年轻力壮的"余

红色故事

伢子"，就想过继过来做他儿子。"金窝银窝不如自己的草窝"，看着含辛茹苦拉扯自己长大的母亲和年幼的弟妹，樊道余犹豫了，故此事一直拖了下来。现在樊道余病成这样，母亲无奈地说："余伢子，去吧，去你伯父那儿吧。"樊道余听着母亲的话，想着外面的谣言，心想我不能对不起祖宗，只好含泪离开这个残破但给了他生命和温暖的家。

樊道余到了伯父家不是做儿子而是做长工，一个分文不取的长工。他每天起早贪黑地干农活和家务，稍有不慎就要挨打受骂。这样的生活使樊道余分外思念母亲，所以常常偷跑回家。每一次，母亲都是好歹给他弄点吃的，又流着泪将他送走。

难道真是走投无路了？听说山外有支穷人的队伍叫红军，他决定当红军去！在一个漆黑的夜晚，樊道余冒着凛冽的山风，偷偷地离开了伯父家。

1930年，红三军团攻占长沙后，樊道余和修、平边界的100多名青年报名参加了红军。当时红三军团刚成立不久，新兵又多，没有统一的军装，但这足以使樊道余心里充满了翻身做主人的自豪感。这一夜，他兴奋得一夜未睡，直到天亮才迷糊了一会。突然，隆隆的炮声把他惊醒，睁开眼睛一看，敌人开始反攻了，他们这些没经过军事训练的新兵慌慌张张，不知所措。"刚找到红军，千万别落下了"，他想。正在这时，他看到一队红军在撤退，立即追上去，边跑边喊："我是来当红军的，你们还要不要我啊？"一个大个子红军放慢了脚步和蔼地说："要，要的，快跟上吧。"于是，樊道余跟着这个大个子被编到了重机枪连一班，后来才知道，这和蔼的大个子就是他们的连指导员。

红军自长沙退到湖南平江长寿街，休整了两个星期。8月，红军改编为红一方面军第二次进攻长沙，在李立三"左倾"盲目主义的错误指导下，红军一边行军，一边进行宣传，"夺取湖南长沙、江西南昌""会师武汉，饮马长江！""争取一省和数省首先胜利！"的标语，写满了进军的路上。

我军到达长沙外围时，敌人构筑了坚固的工事，架设电网，早已做好了准备。当晚，樊道余等扛着重机枪跟着连长傅克祥到了离敌人最近的前沿阵地，因为是第一次上火线，毫无作战经验的他，竟傻乎乎地站立着，自以为很勇敢。连长拍拍他的肩膀说："你以为敌人的子弹打不死你呀，快卧倒！"樊道余这才赶

123

紧卧倒。连长的枪打得很好,樊道余趴在他的身边给他当助手,帮他上子弹。我军一排排子弹猛烈地射向敌人,并组织"火牛阵"向敌人进攻。由于敌强我弱,长沙久攻不克,而敌人则拼命反击,并以两翼包围我军,不少战友倒在了血泊之中。为了保存实力,连长带着战士们突围,樊道余背着30多公斤重的重机枪跟着连长转移到安全区域。

部队撤出长沙,向江西苏区转移,经过萍乡宿营时,班长将一支缴获的"79"步枪给樊道余,说:"今晚你放哨,精神点,听好了,这枪的撞针有问题,你别乱扣扳机哦!"

这是樊道余当红军后第一次站岗放哨,他背着枪踱来踱去,感到特别神气。当时正值柑橘成熟的季节,置身在一片橘林中,他忍不住摘下一个吃起来,就这样,他走过来吃一个,走过去又吃一个,兜里再放几个,好不惬意。

吃了橘子,摸摸肩上的步枪,心想,这玩意儿我还未放过呢,打一枪试试。于是他端起步枪,扣动扳机,"砰"的一声,惊醒了许多人,班长立刻冲出来说:"怎么回事?"樊吓得不知说什么好。这时,团长彭少辉也跑了出来,这一枪正好穿过墙角打在团长睡的床脚上,好险啊。他忙问:"怎么搞的?"班长立刻答道:"枪走火了,走火了。"彭团长说:"可得多加小心啊。"团长走后,班长狠狠地批评道:"叫你别乱扣扳机,你偏不听,多险啊!差一点闯了大祸。"

第二天,刚吃完早饭,就有老乡找上门来,说橘子少了,樊道余一听,急急忙忙把未吃完的橘子塞到草垛里,他想,第一次放哨就闯了两个大祸。

1930年底,蒋介石调集10万兵力,对我军中央根据地发动了第一次围剿。那天是12月30日,天刚蒙蒙亮,樊道余这个团担任第二梯队,占领了离龙冈东南三华里的一个小山岗。他们架好机枪,严阵以待,前方激烈的枪声像炒豆似的"噼噼啪啪"地响个不停,不一会儿就毫无动静了。樊道余和战友们关心着战局的胜负,纷纷向连长要求去前沿侦察,连长派副班长带着两个战士去了。不一会儿,他们兴奋地喊着跑回来了:"胜利了!我们胜利了!""活捉了张辉瓒!"

那天晚上,部队带着胜利的喜悦,根据红一方面军总前委的命令,沿着崎岖的山路急行军,神不知鬼不觉地埋伏在敌人宿营地东村周围的山岗上,敌人的一举一动尽收眼底。第二天天明时,敌人开好早饭,在稻田里集合,突然我军号声震天,所有的轻重武器齐向敌人开火,不到半小时又歼敌两个团,敌残部向南逃窜,我军乘胜追击50华里,樊道余扛着重机枪奋勇杀敌。近黄昏时,又歼敌一个营,这时红一方面军司令部下达停止追击、就地宿营的指令。樊道余等随着部队沿着路边坐了下来。

1931年春,蒋介石又发动了第二次"围剿"。为了粉碎敌人的"围剿",红三军团在彭德怀的指挥下,采取"集中兵力,先打弱敌"的作战方针,决定先打富田之敌。4月底,樊道余所在团担任三军团前卫奔袭富田。这天,山林里一片静悄悄,一队队红军战士在全速前进,于中午时分部队到达离富田不远的森林内隐蔽。12时,团部下达了攻击命令,这时已是重机枪主射手的樊道余,扛着重机枪拼命地向敌人扫射,掩护战士们迅速攻破了富田敌人的外围工事,夺取了敌部所在地富田镇。敌人的一个团企图夺回富田向我军反攻,就在这时我军第二梯队及时赶到,轻而易举地击溃了敌人的反攻。这一仗,我们全歼敌人两个正规师并缴获了敌人的一个弹药库,那满满一仓库德国盒子枪、汉阳造重机枪、迫击炮、小山炮等可以装备红军两个师。

首战富田,我军大获全胜,从此军心大振,三月之内以三万之兵歼敌20万之众,敌两次"围剿"均遭失败。蒋介石拼凑了30万兵力,亲任总司令,分兵三路,采取"长驱直入,分进出击"的战术,对中央革命根据地发动了第三次"围剿"。这时我军经历一个月的苦战,尚未进行休整和补充,兵力也只有三万,根据这种情况,红军采取了"避敌主力,打其虚弱"的作战方针,红军声东击西,绕道千里,回师苏区腹地兴国。

当樊道余所在的三军团到达兴国时,昔日欣欣向荣的苏区,如今已是面目全非,群众已躲进山里,早稻尚未收下,有的已倒伏烂在田里,部队的给养成了问题,于是,团部只得命令把机枪连驮弹药的牲口杀了给战士们充饥。牲口刚杀好,担任警戒的战士报告发现敌人主力,樊道余和全体指战员立即拿起武器,然而敌人抢先一步占领了有利地形。连长傅克祥和樊道余架好机枪,顽强地坚守阵地,这一仗从中午打到黄昏,从黄昏打到深夜。凌晨,战斗又开始了,樊道余和连长傅克祥正在换机枪子弹,突然一颗流弹击中了连长。"连长,连长——"樊万祥不顾一切地将他扶起,大声喊着,好一会儿,他勉强睁开双眼,断

断续续地说:"要坚守阵地……我兜里有三块银圆,替我交党费吧。"樊道余忍不住地叫着:"连长——"然而,连长傅克祥再也听不见他的呼喊。樊道余怒火中烧,抱起机枪猛烈地向敌人扫射。

正在这危急关头,我军增援部队赶到,红军主力则跃到敌人背后,前后夹击,这次全歼敌上官云相的53师。

1931年10月中旬的一个下午,红三军团一师佯攻高学圩的十九路军,以迷惑驻东固韩德勤部。完成佯攻任务后,部队退出战斗时,樊道余的小腿不幸中弹负伤,他强忍着剧痛,撕了一块衣襟匆匆包扎了一下伤口继续战斗。红三军团一师配合兄弟部队包围韩德勤的52师,经过一天的激战,将其全歼。

红军用三个月的时间,歼敌三万余人,缴枪2万余支,彻底粉碎了蒋介石对中央苏区的围剿。

在中央苏区四、五次反围剿中,樊道余两次负伤,特别在第五次反围剿时,樊道余身负重伤,不幸被捕。1937年7月,在湖南地下党组织以及同乡秘密交通员樊国贤的帮助下,樊道余成功越狱,到达驻平江黄金洞的湘鄂赣边区游击队司令部。此时,红军主力已北上抗日,留下的红军在南方坚持斗争,条件十分艰苦。游击队的同志们热情欢迎樊道余的到来,将他分配到一大队一中队二排四班当班长。

找到了队伍回到了家,樊道余心情既激动又兴奋。他带领全班战士努力学习文化,积极开展军事训练,全班军政素质迅速提高。这年的金秋十月,在湖南平江的嘉义岭,一天,党支部书记陈光堂主持召开支部大会,指导员林胜国介绍樊道余加入了中国共产党。面对镶嵌着镰刀斧头图案的党旗,樊道余心潮难平,小妹的惨死,母亲深陷的泪眼,以及老连长傅克祥倒在血泊中的嘱咐……一件件事涌上心头,傅连长,今天我也入了党,成为共产党的一员,我将踏着你的血迹勇往直前……

1938年春节刚过,湘鄂赣红军游击队在平江嘉义召开誓师大会,正式宣布将湘鄂赣红军游击队改编为新四军第一支队第一团,公布了团以上干部名单,动员全体指战员到敌人后方去开展游击战争。接着,奉军部命令,新四军第一支队第一团1000余人开赴安徽岩寺集中,经过江西萍乡时,经军部副官吴自立同志亲自挑选,樊道余同志被选调到军部教导营学习。

1940年元月,已由军部教导营毕业,担任了一中队军事教员的樊道余,正在五中队上军事课,突然接到总队队列科打来的电话,要他次日五时到总队报到。第二天清晨,樊道余背着背包到达队部,总队长周子昆指示樊道余当日下午五时前到达泾县,说那里有一位司令员在等他。

早餐后,樊道余一行四人告别了总队首长向泾县出发,为了按时到达,他们快马加鞭一个劲地往前赶,沿途巧妙地通过了国民党军的几道哨卡,准时到达泾县北门,只见一位小战士站在门口,自我介绍说:"我是谭司令的警卫员,奉命前来迎接你们。"小战士说着,领他们进了兵站。谭司令热情地握着樊道余等人的手说:"你们来得正好,我们要去的地方离上海很近,那儿要人有人,要枪有枪,要钱有钱,但离皖南军部很远,交通不便。主要的问题是缺乏干部,今后,我们要自力更生培养干部,争取在今年10月以前发展一支具有1万人以上的革命武装,你们的任务,就是要成立教导队,在短时期内培养100名以上正副连长、指导员、游击队长,我要求这些干部个个像景阳冈上的打虎英雄武松那样勇敢。"

时间紧迫,在泾县稍作休息后,樊道余跟着谭振林(化名林俊)等首长,化装成商人模样,晓行夜宿,行军18天,行程200多里,来到了由陈毅和粟裕同志领导的新四军江南指挥部驻地溧阳县(今溧阳市)水西村。

在此休息两天后,在新四军江南指挥部同志的一路护送下,经过一个多月艰难的行军,突破重重封锁,终于到达了新四军江抗东路指挥部所在地徐市东北的一个小村庄,与战斗在那里的同志们汇合了。

第二天,天空尚未破晓,参谋长张开刹的通讯员心急火燎地推醒樊道余,说:"据报,敌人今天要出来扫荡,当地有一支30余人的教导队,还没有正式领导,首长命你前往指挥,并负责打援。"樊道余来不及换下便装,便马不停蹄地赶到教导队驻地,指挥部队立即准备战斗,约8时许,只听北港庙方向枪声大作,支塘增援的敌人出来了。樊道余把长衫一撩,用根草绳一扎,果断地指挥战斗,他在圩堤布好阵地封锁住渡口,组织火力向敌扫射,河对岸的敌人被牢牢地堵在对岸,不能前进一步。傍晚,摸不清我们实力的日寇眼看着北港庙方面的敌人被我军全歼而不敢恋战，撤回据点。

教导队当时已有30多位队员，离谭司令培养100名以上基层指挥员的任务相距甚远。于是樊道余等从昆山、浦东、浙东等地方游击队中抽调有发展前途的骨干进教导队，上海地下党也动员一批青年学生、工人、归侨前来学习。

1940年5月中旬，一期教导队组建起来了，樊道余任队长兼军事教员，副队长杨绍良，教导员白书章。教导队根据谭司令员的指示，既是军事学校，又是战斗连队，采取自编教材，实行教学与实践相结合的方法，主要讲解敌我形势，在山区和水网地区如何开展游击战等。

1940年5月30日早上，根据江抗东路指挥部通报："今晚敌人有较大的行动，地方已动员群众破坏支塘公路。"通报要求"教导队阻击各据点敌人，掩护首长和群众转移"。

教导队长樊道余接受任务后，立即召开班排干部会，要求各学员把此战作为一次实战锻炼，做好各项战斗准备。

当晚，教导队在离支塘敌据点很近的塘坝宿营，翌日天未破晓，樊道余接侦察员报告，敌人在占领徐市、沈家市等重镇后，正在向我军宿营地前进。樊道余立即命令班长郁德祥配备一挺机枪，坚守宿营地东南小桥，阻击敌人的进攻，掩护谭振林等首长安全转移。樊道余向谭司令员报告："我们已处于敌人的包围之中，情况非常严重，我准备派副队长杨绍良率领两个老战士班掩护首长突围。"谭司令镇定地说："给了我两个老战士班，你们怎么办？你们那一帮学生娃还没有正式参加过战斗啊！""请首长放心，我要保证您和指挥部首长安全突围，我也一定要保证把这些学员带出去！"樊道余斩钉截铁地说。谭司令说："你们要发挥游击战的特点，机动灵活地打击敌人，然后迅速选择敌人的弱点组织突围。"说罢这才放心地离去。

副队长杨绍良带领两个班掩护谭司令突围。这时，包围教导队驻地的敌人的炮火向我军阵地猛烈射击，樊道余组成两个战斗小组，以宿营地河堤为依托来回跑步射击，以迷惑敌人。樊道余命令郁德祥率六班顽强坚守，战斗异常激烈，一挺机枪打坏了，郁德祥便用一支自动步枪射击，封锁桥口阻击敌人。敌人的子弹、炮弹不断地落在我军阵地四周，刚从上海来的几个学生队员有些胆怯，纷纷围着樊道余说:"樊队长,我们今天多危险啊,你看河对面的敌人,黑压压的一片。"樊道余用镇定的口吻对他们说:"你们参加革命是为了打鬼子,你们要听指挥,不要怕,我们一定能安全突围。"

战斗到中午11时突然出现了转机,河对面的敌人正在向西移动,樊道余抓住战机,命郁德祥原地坚守掩护全队学员,命令司令部机关人员迅速跑步冲过白茆河大桥,转移到东庄。他自己带一个班控制白茆河大桥,掩护郁德祥班撤出战斗。

当天下午6时,樊道余和教导员白书章带领教导队全体队员和指挥部机关人员到达何家市与谭司令汇合,樊道余向他汇报了突围经过。谭司令高兴地说:"这次战斗是教导队成立以来的一次较大的实战学习啊!"

10月初,第一期教导队胜利完成了教学任务,在这批学员中,发展了80%的党员,大部分的学员毕业后担任正副连长、正副指导员,圆满完成了谭司令员下达的培养100名基层指挥员的政治任务。

从1940年至抗日战争胜利时止,樊道余担任江抗东路指挥部教导队队长,他所领导的教导队创办了一期又一期,为我军培养了许多基层军政骨干。

在解放战争时期和建国后,樊道余先后任华东军政大学总队队长、上海防空司令部干部部副队长。1950年9月,他光荣地出席了第三野战军模范教育工作者代表大会。1955年,樊道余被中央军委授予上校军衔,并荣获中央军委颁发的"八一""独立自由""解放"勋章,这是党中央、中央军委授予红军、新四军老战士的最高荣誉。2008年1月5日,原江苏省机械工业厅副厅长,享受副省级待遇的修水籍新四军老战士樊道余走完了他98个春秋的人生历程,不幸在南京病逝。樊道余在近80年的革命生涯中,为中国人民的解放事业和社会主义建设事业,奋斗不息,对党对人民忠心耿耿,奉献了毕生精力。

袁大头币产生记

樊孝慈

"袁大头"是对袁世凯像系列硬币的俗称,严谨点说叫"袁世凯像背嘉禾银币"。当时北洋政府为了整顿币制,于民国三年(1914)二月,颁布《国币条例》十三条,决定实行银本位制度。于1914年12月及1915年2月,先后由造币总厂及江南造币厂开铸一元银币,币面镌刻袁世凯头像,俗称"袁头币"或"袁大头",是民国时期主要流通货币之一。一般人可能不知道,这种当时流通的货币竟然在修水县上衫乡上衫村土地港制作过,这不得不让人回忆起,89年前,湘鄂赣省工农银行在修水成立的故事。

1927年春夏之交,正当工农运动迅猛发展,北伐战争节节胜利之时,以蒋介石为代表的国民党右派先后背叛革命,血腥屠杀共产党人和人民群众,致使轰轰烈烈的大革命遭到了惨痛失败。但是,中国共产党和中国人民没有被吓倒、被征服、被杀绝,1927年,中共中央在汉口召开紧急会议,结束了陈独秀的错误领导,确定了土地革命和武装反抗国民党反动派统治的总方针。随后,在党的领导下,爆发了南昌起义、秋收起义,1928年彭德怀、滕代远率红五军转战修水,极大地推动了修水革命斗争的发展。

1930年底,湖南省苏维埃政府迁驻修水。1931年9月,湘鄂赣省第一次工农兵代表大会在湖南省平江县长寿街召开,遭到国民党军队飞机轰炸,大会被迫转移至修水县上衫宫选屋继续召开,会议正式成立了湘鄂赣省第一届工农兵苏维埃政府。此后,省委和省苏维埃政府机关相继迁驻上衫,上衫成为湘鄂赣省政府和湘鄂赣革命根据地指挥中心。省委、省苏维埃政府迁驻修水上衫后,省苏维埃政府部门相继成立。省苏维埃政府为了反击敌人对苏区的封锁,解决根据地军民的生存和发展问题,活跃苏区市场的经济活动,沟通与白区区域的货币,统一全省金融机构,11月上旬湘鄂赣省苏维埃政府决定,在上衫正式成立

红色故事

湘鄂赣省工农银行,同时决定各县成立分行。湘鄂赣省工农银行的主要职能是铸造银圆、发行纸币与股票,以稳定和发展苏区经济,确保革命战争的需要。现在,修水县革命烈士馆就有当时发行的股票,秋收起义修水纪念馆也有不少湘鄂赣省工农银行发行的纸币。

湘鄂赣省工农银行成立后,由省苏维埃政府委任刘彦同志兼任省工农银行行长,樊水荣、甘卓吾同志为委员,委员会在修水排选4名中共党员为内外线业务员。此前修水、万载等县的工农银行改为省工农银行分行,湘鄂赣省造币厂隶属省工农银行,自成系统的鄂东南地区银行也纳入省工农银行指导范围。早在1929年,湘鄂赣省苏维埃政府就成立了临时赤色消费合作社、造币厂,也于1930年由平江县迁往修水县台庄芭蕉山(也叫芭蕉塢),1931年9月随省苏维埃政府迁往上衫土地港。

1931年至1932年,修水地区已有三分之二成为红色区域,省工农银行建立后,按照省苏维埃政府的要求,积极筹措银圆,印发纸币。各苏区、乡政府号召人民群众要积极向银行储蓄,并动员地主、富户捐助。省工农银行应根据地的要求,决定制造货币,将所缴获的银器银饰铸成银圆,投入流通使用。那时苏区缺失枪支弹药、治病药、食盐等,为了发展苏区经济,解决人民的生活需求,省委、省苏维埃政府指示供销合作社与银行共同发行纸币,共发行了四种面额(壹角的、贰佰文的、叁佰文的、壹元的)的货币。开始是使用白色的重磅纸油印,但印出来后的纸币,痕迹花纹不明显,格式不多,且不美观。不久,省工农银行搞来了石印机,石印局还配备了石印工人,并能添上色彩,比以前美观多了。这种彩色纸币一印出来,根据地人民就非常喜欢,纷纷拿硬币换新纸币,有的人还在节日、喜事时用纸币送亲友,充分显示苏区人民对党和省工农银行的信赖。

在秋收起义修水纪念馆,可以看到湘鄂赣省工农银行出版的纸币,该纸币1977年8月23日由冷康隆捐赠,2003年11月6日经专家组鉴定为国家二级文物。纸币为长方形油印票面,票面长12厘米,宽7.4厘米,重1.5克。其正面有山峰图案的花形边框,框内正上方自上至下书有"湘鄂赣省工农银行""银洋""壹角"字样。"壹角"上还盖有"工农银行"棱形红色印章。花框右边自上而下书有"地字第×××号",并用红色油印盖"86486"于其上。花框左边自上而下

书有"公历一九三一年票",并盖有正方形"工农银行"的印章。票面正面花框内还有左右对称的椭圆形的人物嬉戏图案。纸币反面花框内有蝴蝶形边框,内书"合成拾角光洋兑换"的行书。纸币周围有细小毛口,局部颜色有锈污迹。该纸币为1931年湘鄂赣省工农银行印制发行,在湘鄂赣省革命根据地内流通。

但是,纸币不便用于白区,不久铸造局就决定铸造硬币,当时硬币有银质贰佰元的、贰元的、壹角的,铜圆有贰佰文的。硬币上面印有麦穗、五角星、镰刀斧头等不同种类。后来,为了苏区铸造的硬币能在白区真正流通,铸造局改为制造含银分量相等的"袁大头"银圆,并加盖"苏维埃"三字,人民习惯称它为"赤洋",当然这种"袁大头"由于白银缺乏,发行量极少。当时的白银又从哪里来呢?主要靠人民献出一点银首饰,富户捐一点,收集辕门饰品,打土豪缴获敌人的白银。例如,有一次没收官僚汤祖午的官宝就有48个,每个重53两。铸造银圆没有冲床,只能靠手工操作,其过程为造模、熔银、制坯、校坯、洗银、印花、烘焙,一天三班,每天只能铸造500~800枚。检验合格的银圆,每500枚装好,送省工商银行点收入库,苏维埃版的"袁大头"就这样在修水产生了。

随着革命形势的发展,1932年4月中旬,湘鄂赣省委、省苏维埃政府迁出修水,省工农银行随省属机关向万载小源转移。湘鄂赣省工农银行遗址坐落于修水县上衫乡上衫村土地港,建筑面积200平方米,该遗址现保存尚好,1958年修水县人民委员会在此挂牌纪念。省工农银行自成立到迁出,在修水时间虽然短暂,但它已成为省银行的奠基石,在湘鄂赣省的革命斗争史上,写下了光辉的一页。

苏维埃版的"袁大头"作为货币已成为历史,目前只能成为珍贵的收藏品。现在,新中国发行的人民币已经成为世界流通的硬通货,并且正在向电子货币转变,但是"袁大头"银圆在修水这样的一个小山村制造过,则是一段值得人们记起的历史。忘记历史就意味着背叛,我们应当不忘革命初心,牢记历史使命,创造新的美好生活……

红 色 故 事

何须马革裹尸还

程 勤

"青山处处埋忠骨,何须马革裹尸还",这是清代龚自珍在《己亥杂诗》中的诗句,曾激励无数仁人志士远离故土、血洒疆场。1939年10月,在修水县城保卫战中冲锋在前、奋勇杀敌,后来牺牲在湖北阳新的抗日英雄舒汉璧,就是这样一位马革裹尸还的革命烈士。

舒汉璧(1907—1943),又名正钧,四川省泸州市(今泸州市江阳区大河街)人。他自小生性聪颖,6岁便上私塾,1922年考入泸县中学;少怀壮志,品学兼优,却终因兄弟姐妹众多,家境贫寒而被迫辍学。其父一心让他继承父业,经营书裱铺。可舒汉璧却不同意,对父亲说:"经商不过做一富翁而已,岂能为国为民矣!"

1927年舒汉璧考入重庆21军军官学校,开始了他的军旅生涯。他努力学习,刻苦钻研,博览古今兵书,由于学业成绩优异,名列前茅,深得校长刘湘赏识;1932年由21军保送进入南京陆军工兵专门学校深造,后成为抗战时期少见的成绩卓著的特种工兵人才。

1934年舒汉璧返渝任21军第3师教育团少校队长,1935年与泸州小学任教的严淑瑶老师喜结连理,第二年得一爱女,取名舒国魂,有了一个幸福的小家庭。1936年他调任师部少校参谋,兼任四川善后督办公署教导总队军事教官。

1937年抗日战争全面爆发,在民族存亡的关键时刻,舒汉璧毅然诀别爱妻,诀别70多岁的老母亲和才半岁的女儿舒国魂,随刘湘赴第七战区抗日,出任战区工兵中校参谋。此后不久,司令员刘湘却因患有严重胃病突然去世,第七战区在南京战役后被撤销。这时留守四川达县(现达川区)56军军长郭昌明相邀舒汉璧去其部当上校第一课长,舒汉璧婉拒,并慷慨地对同部说:"偌大一个抗日战争,军人不在前线,将来都是一个耻辱!"

1938年舒汉璧甘愿当中校工兵营长,随30集团总司令王陵基出川,开赴湘赣抗日前线。

1939年10月,在修水县城保卫战中,舒汉璧率部在马坳、杭口阻击日寇,战斗中他身先士卒,冲锋在前,奋勇杀敌,为修水县城民众安全撤离赢得宝贵时间。

舒汉璧所在的30集团军司令部驻扎在现江西修水义宁镇良塘村,他带领的工兵营多在修水、武宁一带抗击日寇,专门从事敌后破坏交通、通讯工作,营部设在敌后游击区武宁县新溪源乡山中的一个祠堂里。

1940年3月,严淑瑶带女儿舒国魂前往江西探望分别近三年的丈夫,短暂相聚后,舒汉璧因军务繁忙,常常带兵深入敌后,一去便十天半月,一家人总是聚少离多。到了同年年底,舒汉璧奉命再次率队出发,没想到此一别竟成天上人间的永别!这次舒汉璧奉命奔袭白阳山、木石港一带日军据点,并在敌后破坏敌人交通、通讯。日军因屡遭偷袭,损失惨重,早已对他恨之入骨,特别加强了戒备,四处设伏。这天,舒汉璧率部破坏瑞昌至阳新的公路,以截断日寇运输线,配合正面战场抗击日寇。舒汉璧出色完成任务后的第二天,被日军得知行踪,日军出动大队人马,以近十倍的兵力,将舒部合围于湖北阳新县百叠山、南山附近。敌人潮水般涌来,舒汉璧全营官兵一边还击,一边转战退守山林之中,他们多次击退日军的猛烈进攻。穷凶极恶的日军,竟四面纵火烧山,节节进逼。舒营坚守了三昼夜,已是弹尽粮绝,却仍不屈服,最后与日军展开生死肉搏。此时的他已多处负伤,加上饥渴交加,在与敌肉搏中重伤倒地而被俘。

在狱中,日伪对其以高官厚禄劝降,他不为所动,严词拒绝;敌又对其酷刑逼供,他咬牙缄默,视死如归,后则怒斥日寇,厉声痛斥其践踏国际公法,高呼"打倒日本帝国主义!"口号。鬼子恼羞成怒,惨绝人寰地将他割舌、去腭、断足,乱刀砍刺,最后头被砍断仅剩后颈一小块皮相连,令人惨不忍睹。舒汉璧就这样壮烈牺牲,时年33岁。

王陵基得知情况后下令反击阳新日寇,寻获烈士遗骸并运回修水总司令部。几天后,战士们抬回舒汉璧血肉模糊、肢体不全的尸体后,严淑瑶一下子扑在丈夫的遗体上,当场昏厥过去。三岁多的女儿见父惨状,吓得扑在妈妈身上号啕大哭,撕心裂肺地大喊:"爸爸,爸爸!"在场的人无不动容,纷纷泪下。

舒汉璧生性谦和,平易近人,生就一副书生模样,深受驻地百姓爱戴,平时老百姓不叫他舒营长,大都叫他舒先生,他的牺牲,军民同悲。当地有位老百姓竟把自己的红木寿材捐给他。灵柩从武宁新溪源抬回修水集团军军部,沿途几十公里处处有老百姓自发燃香烛路祭。集团军总司令王陵基率总部官兵亲迎灵柩,在甘露寺为舒汉璧举行隆重追悼会,并亲自主持追悼大会,国民政府授予"抗日烈士"称号,后将其葬于修水县南姑乡的胡家洞椅形岭(今义宁镇下路源村胡家洞椅形岭,位于修水县良塘新区职业高中西侧)。1941年,国民政府追赠其为陆军官兵上校营长,并为之撰墓刻石:"……河岳钟灵,诞生俊杰;报国忘家,歼倭志切。转战赣湘,顽敌胆裂;后攻阳新,深入虎穴。百叠突围,弹尽援绝;创重被俘,骨断齿折。骂贼成仁,张颜同烈;民族兴亡,浩气劲节。郁郁佳城,森森碧血;亿千万年,精灵不灭!……"

1988年7月9日,中华人民共和国民政部追认他为革命烈士,颁发的烈士证书送到了严淑瑶老人手中。

新中国成立后,舒家后人由于各种原因寻找舒汉璧的墓地未果,后来在泸州市积善志愿者协会副会长苏佐等人以及修水县红色文化研究会的帮助下,通过详细查找史料,多次走访当地老人,最终确认了舒营长的埋骨之所得以祭拜,了却舒家后人多年的心愿!

精神不灭,浩气长存!2015年修水县人民政府对舒汉璧抗战烈士墓进行了修葺,并将其列为修水县爱国主义教育宣传的一部分,让后人去瞻仰。

红 色 文 物

烈士朱佑清用过的丝茅剑

丁　苗

在秋收起义修水纪念馆收藏着一件珍贵的文物,这件文物曾经历两次农民暴动,一次为太平天国农民运动,一次为秋收起义时修水下衫农民暴动。

该文物钢口铁身,剑长98厘米,单刃口,刃长79厘米,刃宽3.5厘米,刃后部有一个血槽,手柄长19厘米,其中后座为六角形铁帽,直径3.5厘米,木质握手长15厘米,为扁圆状,前卡口为银锭形,长5.4厘米,宽9厘米,剑重1100克。剑身通体浮雕,缠枝花果。

1927年秋收起义时修水下衫农民暴动农民朱佑清使用的丝茅剑

1855年10月,太平天国翼王石达开率军数万由湖北通城进入修水,与清兵刘开泰部激战于修水小斗岭,并击毙刘开泰父子,此剑为参加此次战斗的太平天国战士、修水上衫农民朱至贵所佩。1919年9月朱至贵临终前将此剑交给其孙朱佑清。1927年朱佑清佩戴此剑参加了下衫农民暴动。1933年7月朱佑清被白军杀害在下衫村大桥头,此剑一直由其弟藏于仓库内一个桶底,一直保存到新中国成立,1977年被捐献给秋收起义修水纪念馆珍藏。

该文物对于研究太平天国历史及秋收起义时修水的农民运动有重大的价值。1994年,经国家文物局专家鉴定为国家一级文物。

赣西北特别第二区委员会工农武装队派哨单

修文志

　　1924年中国共产党赣西北特别第二区委员会工农武装队派哨单,纸质,长29.8厘米,宽9.8厘米,重6克,长方形。内容是1924年为农会做好保卫工作安排的放哨人的名单。上面从左至右竖书"三月初四晚派哨一班郁哉、玉香、桂生""二班亮生、家宝、木香""三松生、日生、国盛""四有言、泰星、福生""五绵青、利贞、月秋""六生成、礼祥、冰玉""七宝生、汉泉、凤生""惟汉派哨三夜""西特二区农会""工农武(缺失)""队长(缺失)"。

　　文物表面有锈迹,左下方长7.5厘米、宽5厘米一角缺失,整个纸面中央有虫蛀小孔,纸面出现折痕。该文物是1924年修水县西特二区工农武装保卫农会开会时的派哨单,为修水苏区农民协会发展及武装情况提供研究资料,非常珍贵。

　　1977年6月15日,从修水县沙湾公社樊瑞彩征集。2004年9月1日,经专家组鉴定为国家三级文物,现藏于秋收起义修水纪念馆。

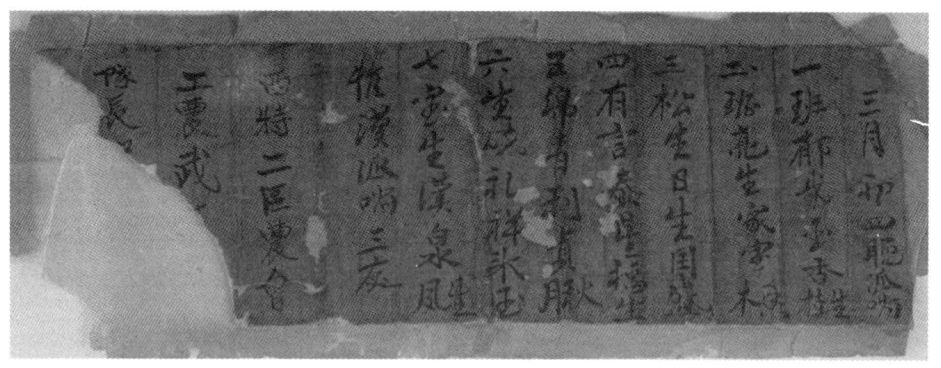

红 色 文 物

1926年江西省团委书记丁健亚烈士使用的墨盘

修文志

丁健亚烈士使用的墨盘,石质,长20.9厘米,宽14.9厘米,厚3.8厘米,长方形。左侧为长形墨槽,右侧为砚池。该文物为1927年修水著名烈士丁健亚书写革命暴动标语的自制砚,边角有残缺,它为研究革命烈士丁健亚这一时期的革命活动提供了依据。

丁健亚(1900—1929),修水路口乡人,1922年在江西第一师范读书时加入共产党,1926年11月任九江地委团委书记、江西省团委书记,1927年以省特派员身份,回修水策应秋收起义,领导著名的杨祠暴动,1929年病故。

1977年8月11日,从修水县路口公社征集。2004年9月1日,经专家组鉴定为国家三级文物,现藏于秋收起义修水纪念馆。

1927年湖南省革命民众敬赠的铜质奖章

修文志

　　1927年湖南省革命民众敬赠的铜质奖章,铜质,圆形,直径2.8厘米,厚0.1厘米,重8.2克。有一小链与别针相连,奖章中心有齿轮、镰刀、斧头和步枪组成的图案,图案外环绕着"湖南省革命民众敬赠"字样。铜质奖章保存基本完好,表面有些许磨损、变黑。

　　该文物是1927年2月平江党组织以"湖南民众"的名义,为感谢修水党组织和人民的无私支援,颁发给修水大桥卢森盛的一枚奖章。该奖章为研究修水、平江两县的革命斗争历史提供有力的依据。

　　1977年8月12日,由大桥卢玉才同志捐赠。2003年11月16日,经专家组鉴定为国家二级文物,现藏于秋收起义修水纪念馆。

1927年修水县全崇工会木质条印

修文志

1927年修水县全崇工会木质条印,长7厘米,宽3.2厘米,高1.5厘米,重32克。该文物呈不规则四方体,底部刻有"修水全崇工会"几个字,现在保存基本完好。

1927年3月修水县全崇工会成立,当时主席由县暴动委员会的钟康林兼任,后成立苏维埃时全崇工会变为第六区工会,也称"雇农工会"。该文物的发现为研究苏维埃成立之前各地如何组织工农运动提供了实物依据。

1977年8月6日,从修水县荣宝元处征集。2004年9月1日,经专家组鉴定为国家三级文物,现藏于秋收起义修水纪念馆。

1927年秋收起义部队使用过的碗

修文志

1927年秋收起义部队使用过的碗,青瓷质。碗高7.3厘米,口径12.4厘米,足径6.4厘米。碗撇口、束颈、深弧腹、矮圈足,通体施青釉。釉色青中带黄。该碗是1927年工农革命军第一军第一师第一团使用的,现在碗沿口有0.5厘米的缺口。

1927年秋收起义部队工农革命军第一军第一师第一团起义时驻扎修水三溪坳朱古华家,见朱家生活贫困,副师长余贲民叫战士用碗送饭菜给朱古华母亲。该文物证实了秋收起义部队是老百姓自己的队伍。

1977年4月20日,从修水县渣津老街朱古华处征集。2004年9月1日,经专家组鉴定为国家三级文物,现藏于秋收起义修水纪念馆。

1927年修水县仁乡西尹农民协会印章

修文志

1927年修水县仁乡西尹村农民协会梨木条形印章,长7.8厘米,宽1.8厘米。印章梨木质,长条形,底部刻有隶书"修水县仁乡西尹村农民协会"字样。印章是1927年西尹农民协会在修水农民运动中使用的。

现在该文物基本完整,表面变黑。该文物为研究1927年修水农民运动提供了实物依据。

1977年7月7日,从修水沙湾永红大队樊水财处征集。2004年9月1日,经专家组鉴定为国家三级文物,现藏于秋收起义修水纪念馆。

1927年修水三区三乡苏维埃政府条印

修文志

1927年修水县三区三乡苏维埃政府条形梨木印章,上长7.7厘米,下长8厘米,上宽1.7厘米,下宽2.1厘米,高3厘米,重35克。

该文物为梨花木雕刻的横截面为梯形的四边体的条形印章,印章整体保存完好,但梨木表面变黑,印章底部刻有"修水县三区三乡苏维埃政府"字样。它为研究当时修水苏区的建设情况提供了依据。

1977年7月3日,从修水县樊水才处征集。2004年9月1日,经专家组鉴定为国家三级文物,现藏于秋收起义修水纪念馆。

靖林三溪坳烈士墓前石对联

朱正平

"受豪绅地主压迫生也痛苦,为工农群众解放死亦光荣",这副对联是1934年春中共湘鄂赣省委、省苏维埃政府为缅怀革命先烈,教育后人,激励人民革命到底,在平(江)修(水)铜(鼓)边界修水一侧的三溪坳修建烈士墓时精心雕刻的。对联用青石凿成,正方柱形,高350厘米,直径40厘米,重约2吨。

同年4月,烈士墓碑和墓前的石对联刚刚竖起,散布在周围的烈士遗骨才收葬一部分时,遭国民党军六十二师陶广部等六个团的围剿,工程被迫终止。不久,国民党军第十九师进驻三溪坳,烈士墓和石对联均被其破坏,后又被其作为草石砌在当地的碉堡底下。

1936年4月,平修铜游击队在当地群众的配合下,将碉

堡摧毁,石对联即被游击队和群众就地掩埋在乱石之中,保存起来。

1977年,中共修水县委、县人民政府在县城修建秋收起义纪念馆时,靖林三溪坳的苏区人民,怀着对烈士无限崇敬的心情,将这珍贵的石对联取出,交给纪念馆,存放于工农革命军第一师第一团旧址内。

红色文物

1927年修水县农民协会会员临时会证

修文志

1927年修水仁义镇区第一乡农民协会会员证，布质，长14.9厘米，宽7.5厘米，重3克。该文物为长方形白布条，内用蓝色作边框，正上方书有两行字："修水仁义镇区""第一乡农民协会"，下方为三竖行，最右边竖书"朱字第贰壹号"，中间书有"会员""吴树德"，最左边竖书"民国十六年六月□日"。会员证上盖有"修水仁义镇区农民协会"红色圆形印章。

该文物现在有些泛黄，左右下角均有约2厘米的缺口。它为研究当时的农民协会及农民运动提供了有力的佐证。

1977年7月2日，从修水县大桥镇朱溪大队征集。2004年9月1日，经专家组鉴定为国家三级文物，现藏于秋收起义修水纪念馆。

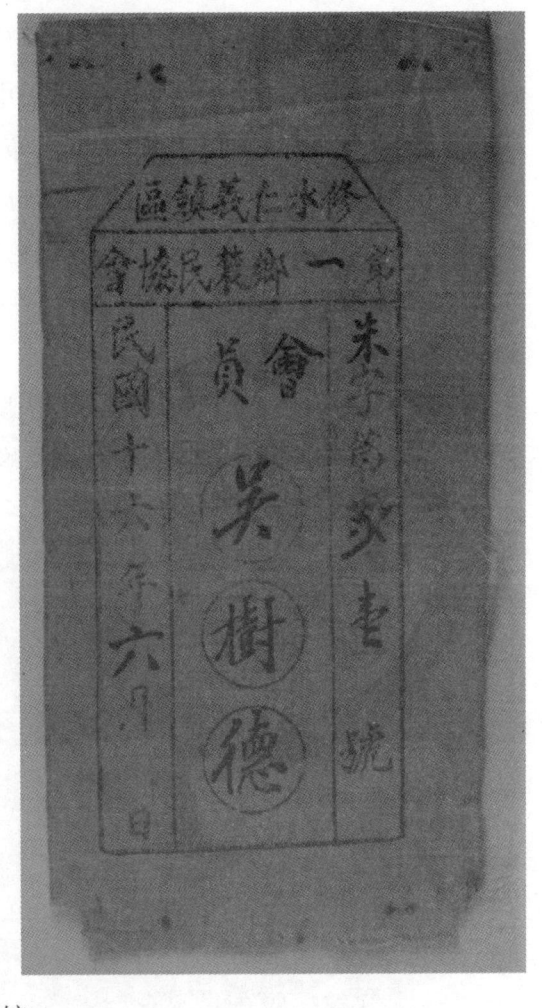

1927年修水县第六乡第六支队一中队一分队袖章

修文志

1927年修水县苏区第六乡第六支队一中队一分队袖章,布质。袖章周长34.7厘米,宽14.3厘米,重11克。红色纺布,正面墨绘五角星内镶交叉的镰刀斧头图,并书有"修水赤卫队"。原盖有"修水县第六区第一支队一中队"和"修水县第六乡乡苏维埃"印章,但目前两章褪色均看不见。

该文物到现在已褪色,正面有三处约2~3厘米的漏纱破洞。它为研究修水苏区的斗争历史提供了可供参考的依据。

1977年8月6日,从修水县马坳红星大队处征集。2004年9月1日,经专家组鉴定为国家三级文物,现藏于秋收起义修水纪念馆。

1930年修水县第七区第三乡第一村苏维埃符号

修文志

  1930年修水县第七区第三乡第一村苏维埃政府颁发的后防军符号,布质,长13.7厘米,宽9.2厘米,重4克。长方形红色大布制品,正上方从左到右书有黑字"七区三乡",左右两侧则都竖写"修水七区三乡一村苏维埃政府",中间分别竖写"后防军""三班""丁德佑",是1930年修水第七区第三乡第一村苏维埃政府发给丁德佑的后防军军人身份符号。

  该文物现在中间折痕处字迹有些模糊,变色。它为研究修水苏区队伍的管理和建设提供了依据。

  1977年8月27日,从修水县全丰大队处征集。2004年9月1日,经专家组鉴定为国家三级文物,现藏于秋收起义修水纪念馆。

1930年修水第四区第二乡苏主席匡少清使用的缠马刀柄布带

修文志

1930年修水第四区第二乡苏维埃政府主席匡少清使用的缠马刀柄布带,布带两条,一条长100厘米,宽3.7厘米,11克;另一条长79.5厘米,宽3.7厘米,11克。79.5厘米的布条上书有"第六支一中队一分队队长",反面有两处"修水第六区第六乡工农兵苏维埃政府"印。100厘米的布条上有两处"修水四区二乡工农兵苏维埃政府"印。

该文物现在布带稍长的一根有21厘米撕裂口,稍短的一根在17厘米处有不规则破洞。它为研究修水苏区的斗争历史提供了可供参考的依据。

1977年5月29日,从修水县渣津站前村征集。2004年9月1日,经专家组鉴定为国家三级文物,现藏于秋收起义修水纪念馆。

1931年修水县苏维埃三区三乡苏维埃会议记录

修文志

  1931年修水县苏维埃三区三乡会议记录,纸质,长26.1厘米,宽19.5厘米,重10克。会议记录两张。一张内容为开会时间"一九三一年",地点"樊祠"。开会有"区工会出席报告、乡苏代表报告、本支工会报告工作和批评"等十项内容。一张为发言代表名单。

该文物有明显折痕,边角破损严重。它为研究修水苏区政治方面的管理提供了资料,非常珍贵。

1977年7月8日,从修水县沙湾樊祠征集。2004年9月1日,经专家组鉴定为国家三级文物,现藏于秋收起义修水纪念馆。

陈秋光烈士使用过的木框青石练习板

修文志

第一次国内革命战争时期陈秋光使用过的木框青石练习板,长26.8厘米,宽19厘米,厚0.18厘米,重400克。该文物青石质、长方形,周围用梨木镶边,四角磨圆。

该文物保存基本完整,表面稍有变黑,是修水著名革命烈士陈秋光幼年学习时所用,为研究革命烈士陈秋光的成长和学习活动提供依据。陈秋光,修水靖林人,1926年入党,1927年起在修水做农运工作,1929年后任修铜武中心县委宣传部部长、湘鄂赣特委组织部部长、省委委员,1934年在保卫湘鄂赣省委的战斗中牺牲。

1977年4月30日,从修水县张绍球处征集。2004年9月1日,经专家组鉴定为国家三级文物,现藏于秋收起义修水纪念馆。

1931年修水县立总合作总社纸币（铜圆钱）

修文志

　　1931年修水县立合作总社发行的面值三百文铜圆钱纸币，长12厘米，宽7.8厘米，重1.5克。该文物正面有山峰图案的花形边框，正上方从左至右书有"修水县立总合作社"，下方为"铜圆钱""叁佰文"，上面盖有"修水县立总合作社"棱形印章。边框内左右各有椭圆形风景图案，在图案外侧左右分别书票及字"第×号"，上面盖有红印字，字模糊不清。反面有五角星边框图案，边框外右侧竖书"发展社会经济"，边框外左侧竖书"流通"。边框内从上到下书有"本社举县苏维埃指示发行铜圆钱纸币以便流通金融杜绝奸商操纵发行之后在赤立

一律通用不得阻碍为要""修水赤立赤色消费合作社启"。边角破损严重,票面有小孔。正面右边有约5厘米撕裂口。正中上方"修水县立总合作社"中"县"字破损。

该文物是1931年修水苏区为发展社会经济而发行流通的纸币,为研究当时苏区经济发展提供实物依据。

1977年4月3日,从胡承仁处征集。2004年9月1日,经专家组鉴定为国家三级文物,现藏于秋收起义修水纪念馆。

1931年经邦区苏维埃主席杨贤礼烈士使用过的匕首

修文志

1931年修水经邦区苏维埃主席杨贤礼烈士使用过的匕首,铁质,刃长10.8厘米,刃宽2.5厘米,刃厚0.7厘米,柄长7.9厘米,重70克。刀体呈柳叶形,平背单刃,刃口薄且锋利,铁柄尾部反卷成圈,铁柄用红布包裹。

该文物现在表面有锈迹,铁柄上缠绕的红布变黑,破损。它的发现不仅为研究苏维埃主席杨贤礼的革命活动提供了资料,而且为研究1931年敌人进攻苏区,实行白色恐怖政策,对苏区人民进行屠杀提供了依据。

杨贤礼烈士,男,全丰镇碧环村人,1929年参加农民农会,1931年担任经邦区苏维埃主席,1932年夏,在与反动民团战斗中牺牲。

1977年8月7日,从修水县全丰碧环大队杨贤醒处征集。经专家组鉴定为国家三级文物,现藏于秋收起义修水纪念馆。

修水县少年先锋队队长王振国烈士使用的小插子

修文志

1927年修水农民配合秋收起义发起暴动时王振国烈士使用的铁插刀,通长22厘米,刃长11.8厘米,刃厚0.5厘米,刃宽2.4厘米,柄长10.2厘米,重100克。刀体呈柳叶形,平背单刃,刃口薄且锋利,铁柄尾部反卷成圈,原用红布缠绕,现缺失。

该文物现在表面有锈迹,刀柄上原缠有红布,现缺失。它为研究当时修水人民积极支持秋收起义部队打击封建地主的斗争提供依据。

王振国,1914年生,1930年参加革命,任修水县少年先锋队队长,参加红军后,屡立战功,湘鄂赣省东南特委组织部部长,后任红16师48团政委,1936年在临湘的石庙战斗中牺牲。

1977年8月14日,从修水县路口公社王付生处征集。2004年9月1日,经专家组鉴定为国家三级文物,现藏于秋收起义修水纪念馆。

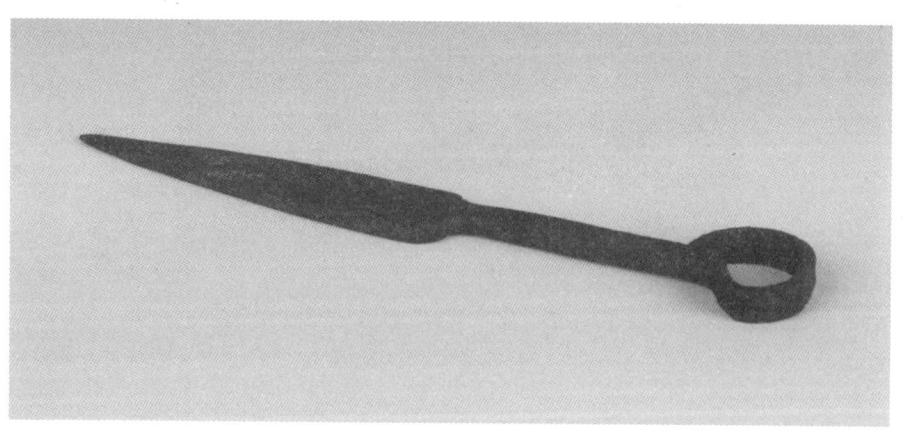

红色文物

工农革命军第一军第一师副师长余贲民的望远镜

丁 苗

这件珍贵的文物为秋收起义时任工农革命军第一军第一师副师长余贲民的铜质望远镜。余贲民是湖南平江县人,1922年在长沙由毛泽东介绍入党,曾任平江县农会会长、工农义勇队队长,秋收起义时任工农革命军第一军第一师副师长。1927年5月,秋收起义爆发前夕,余贲民攻打夏斗寅部队时缴获了该望远镜,后一直随他南征北战。

该文物长10厘米,宽10厘米,高10厘米,大口径4厘米,小口径2.5厘米,重300克。它由双铜管组成,每铜管有大铜管套小铜管。圆口,分大小孔,孔中有四块大小规格相等的凹凸镜片,两块大镜片直径为4厘米,小镜片直径为1.5厘米,中间有一根铁轴连接两铜管,并有一个调节远近距离及清晰度的螺旋

159

装置。

  1933年4月,时任湘鄂赣省委省苏维埃军事部部长的余贲民在一次战斗中受伤,牺牲于江西万载小源,并葬在当地,该望远镜便随其葬于此。1952年3月,余贲民子女余渐仁、余若仙、余絮咏将其遗骨移葬老家平江时发现墓内的望远镜,后该望远镜由余若仙等珍藏。1976年,修水县筹备兴建秋收起义修水纪念馆,四处征集文物,后多方打听,得知当年在修水参加秋收起义的工农革命军副师长余贲民有子女在平江,纪念馆工作人员黄兰、刘烈根、老同志樊仁清根据这个线索来到余贲民老家平江县车远乡迎瑞村,了解到其子女珍藏了父辈的一些文物。纪念馆同志多次上门做工作,最终余贲民子女将该文物捐献给秋收起义修水纪念馆珍藏。该文物于1994年被评为国家一级文物。

《修水报》的前身：《红日》周刊

冷秋繁

《修水报》的前身，是1929年中共修水县委和少共修水县委创立的机关报《修江潮》和《红日》周刊。如今，我们只能在1930年6月27日《湘鄂赣边境特委工作报告（第一号）》中查找到《修江潮》的历史踪迹："现在边境各县除宜春、宜丰、通城无经常的刊物外，其他的均有，如修水的《修江潮》、通山的《赤光壁报》等。"《红日》周刊，即1931年中共修水县委及少共县委主办的机关报《红日》周刊，纸质，长54.2厘米，宽37.8厘米。《红日》周刊第五期，内容分左右两版。靠右上角书有刊物名称《红日》，其下书主办单位"中共修水县委出版"。其内容主要是揭露反动派进攻苏区的罪行，宣传苏区政策，通报修水各区工作情况。

该文物现在基本保存完好,为修水党报的起源找到了依据。

1977年1月1日,从修水沙湾公社上坊大队处征集。2004年9月1日,经专家组鉴定为国家三级文物,现藏于秋收起义修水纪念馆。

中华苏维埃共和国国家银行发行的银币

修文志

中华苏维埃共和国国家银行发行的银币,银质,重1.5克。它是土地革命时期中华苏维埃共和国国家银行发行的面值贰角的银圆。

1977年4月3日,从胡承仁处征集。2004年9月1日,经专家组鉴定为国家三级文物,现藏于秋收起义修水纪念馆。

湖南省工农兵苏维埃政府《婚姻法》布告

冷秋繁

在秋收起义修水纪念馆收藏了一份湖南省工农兵苏维埃政府的布告,这是1930年11月湖南省工农兵苏维埃政府颁发的《婚姻法》布告。

1930年7月27日,红三军团在彭德怀军团长的率领下,在湘鄂赣边境各县工农武装的配合下,一举攻克国民党湖南省政府首府——长沙,建立了第一个省级工农民主政权——湖南省工农兵苏维埃政府。湖南省苏建立后,宣布了苏维埃政治纲领,颁布《暂行劳动法》《暂行土地法》《婚姻法》,并创办了《湖南省苏公报》。8月2日,长沙80多个团体和红军指战员,共10万多人冒雨隆重集会,纪念"八一"和庆祝湖南省工农兵苏维埃政府成立。1930年冬,湖南省工农兵苏维埃政府迁驻修水上衫。

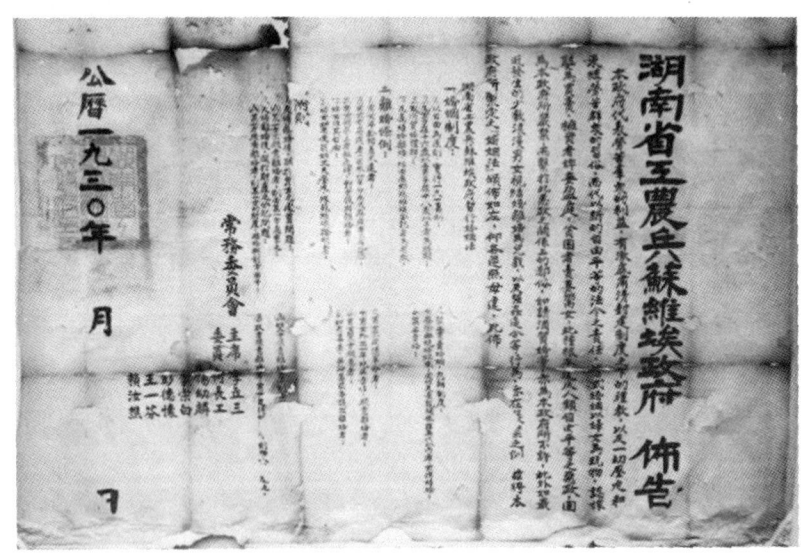

湖南省工农兵苏维埃政府布告,即1930年湖南省苏维埃政府颁布的关于《婚姻法》的布告,长70厘米,宽50厘米,重30克。该布告长条形,从右至左竖写,内有关于《暂行婚姻法》的婚姻制度、离婚条例及附则等条款,落款为"湖南

省工农兵苏维埃政府"朱印。布告折痕明显,多处有破损,整个纸面被虫蛀,有小孔。

该文物是中国革命史上第一个省苏维埃政府、湘鄂赣省苏维埃政府的前身——湖南省苏维埃政府建立以后颁布的第一部《婚姻法》,对于研究湘鄂赣革命根据地的妇女运动历史提供了依据,具有重要的史料价值。该文物非常珍贵,经专家组鉴定为国家一级文物,现藏于秋收起义修水纪念馆。

修水四区一乡苏维埃互救会公章

修文志

修水四区一乡苏维埃互救会公章,木质,长9.8厘米,宽2厘米,高2.2厘米,不完整。1977年在渣津镇西堰村征集,1930年由匡光明负责使用。

互救会是1929年成立的全国性的群众组织,又是统一战线性质的组织,它不分阶级,不分信仰,只要同情和帮助革命者,都可以参加。修水互救会1930年4月在上衫成立,总会由9人组成执委会,乡成立区总会和乡分会。此公章是那时的产物,现藏于秋收起义修水纪念馆。

1930年出版发行的《湖南省苏公报》第七期

修文志

这是1930年湖南省苏维埃宣传委员会主办的《湖南省苏维埃公报》第七期,纸质,长55厘米,宽41.2厘米,重22克。

该文物分左右两个版块,大版块中上下平均分成三个小版块。右版右上角印发报纸名称"湖南省苏维埃公报""第七号"及主办单位和日期。公报内容有关于"社论东北军入关的解剖""工农红军消息""省内重要消息"等全国各地重要的时政要闻和评论。报缝有"实行八小时工作制,增加工资,减少工作时间,失业救济及社会保险等""没收地主阶级的土地财产,归苏维埃政府处理,分配农民耕种,禁止买卖和出租"的宣传标语。目前,文物有明显折痕,多处有破损。

1977年8月6日,从修水县沙湾公社上坊大队处征集。2004年9月1日,经专家组鉴定为国家三级文物,现藏于秋收起义修水纪念馆。

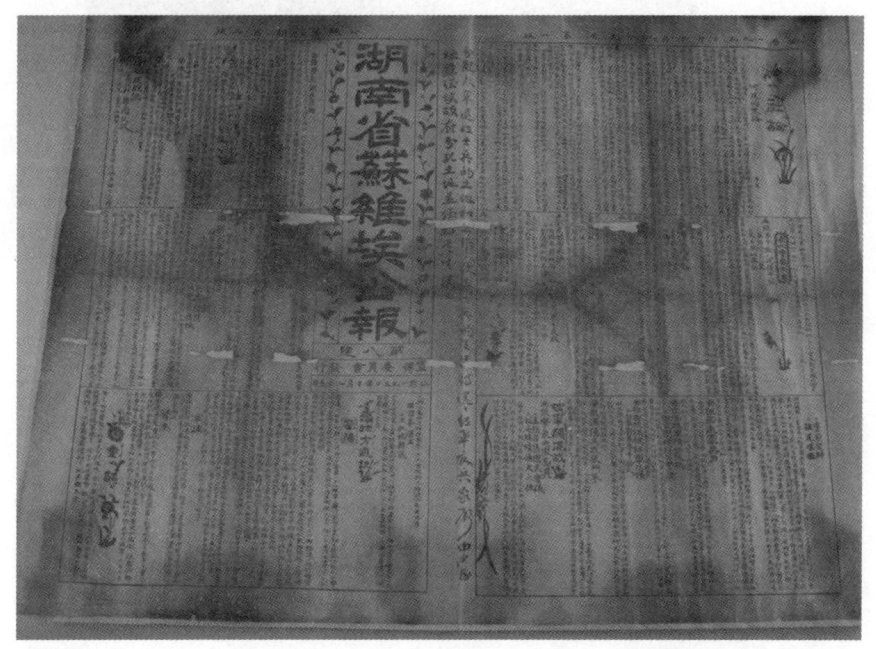

修水赤卫队队长周顺才烈士使用过的炸弹

修文志

土地革命时期时任修水赤卫队队长周顺才烈士使用的炸弹,铁质,周长17.2厘米,高1.9厘米,底径2.7厘米,重450克。弹壳用生铁铸成,外壳方格纹圆形,铁手,上端有小孔用以系引线,是湘鄂赣省兵工厂生产的。

该文物现在表面有锈迹。它为研究土地革命时期修水赤卫队队长周顺才烈士的活动提供了实物资料。

1977年8月2日,从修水县周广荣处征集。经专家组鉴定为国家三级文物,现藏于秋收起义修水纪念馆。

宣传抗战救国的《修江报》

谢小明

在修水县档案局查阅资料时,我发现了一份宣传抗战救国的报纸《修江报》,报载主要内容为三十集团军及本县各界庆祝国庆纪念活动和筹募同盟胜利公债特刊。

我见到的这份《修江报》,是单张4开2版,发行日期为民国三十一年(1942)十月二十日,虽然纸张已发黄并略有破损,但其文字十分清晰。报头为行书"修江报"三字,以及"第七期""社址修水县党部""发行人周南瑗"等。报头下竖写6行宣传标语"国家至上,民族至上,胜利第一,军事第一,意志集中,力量集中"。头版头条内容为"三十集团军暨本县各界庆祝国庆纪念",并附王副长官演说词,他在演说词中说"我们是愈战愈强,敌人是愈战愈弱……揭露了我们胜利的曙光"。从内容看,这是三次长沙会战后的一次庆祝活动,旨在鼓励军民继续团结起来,保家卫国,抗击日本侵略者,树立抗战必胜信心。头版还有16条征购粮食宣传标语,如:"救国保家,必须足食足兵!""慷慨献粮,等于舍身救国!""延不完粮,等于破坏抗战!"第二版是"筹募同盟胜利公债特刊"。

经查阅相关资料证实,报刊中的"王副长官"就是长沙会战第九战区副司令长官、30集团军总司令王陵基,"同盟胜利公债"是1942年5月国民政府发行的一种筹集抗战军费的国债券,至1944年止全国共发行90亿元,用于充实抗战救国军费。

据县档案局管理人员介绍,《修江报》仅此一份,像这种抗战报刊极为罕见,对研究国共合作、修水军民联合抗日、长沙会战、川军出川抗战等方面历史具有重要意义,其史料价值尤为珍贵。

古市瓷厂生产的"工农专政"青花瓷碗

沈小萍

"工农专政"青花瓷碗为青花质地,碗底部饰有一道弦纹,碗腹围绘有两只腾飞的蜻蜓以及两只花瓶和彩带图案,花瓶彩带之间镶有双线扇形框,框内有"工农专政"字样。该碗是土地革命时期修水县苏维埃创办的古市瓷厂生产的。

该碗是1932年8月中共修水县委、县苏撤离修水苏区时,赠给渣津乡店前村农会会员、共产党员万宝廷、万艳廷兄弟的,是湘鄂赣革命根据地留存下来的有时代特点的革命文物珍品,在全国同类题材瓷器中实属罕见。它对研究苏区的经济文化建设具有重要价值。

1994年4月,该文物经国家文物鉴定专家鉴定为国家一级文物。

1933年中央军事委员会奖给郑伍祥的"红星章"

修文志

1933年中央军事委员会奖给郑伍祥的"红星章",铜质,五角星形,中心有红五星,两旁稻穗环绕,中心上眉有"红星"二字,下首有"章"字。红星章反面,大五角星中心有三行横排字,上排为"中华苏维埃共和国",中排为"中央革命军事委员会颁",下排为"1933.8.1",字迹清楚。

此文物现藏于秋收起义修水纪念馆,是郑石生同志2011年捐赠的。

红色文物

CCP 误为"GGP"的党旗

丁 苗

在秋收起义修水纪念馆珍藏着一面珍贵的 CCP 党旗。这面旗为红色,布质材料,长 50 厘米,宽 39 厘米,中间有镰刀斧头图案,并有英文缩写"GGP"字样。其中英文缩写的"GGP"为"CCP"的误写(CCP 为"chinese communist party"的英文缩写)。

该文物为 1928 年樊万祥同志任修水二区区委组织委员期间秘密发展党员时进行入党宣誓时所用的党旗。樊万祥是修水大桥区朱溪乡人,1927 年 5 月入党,曾任修水县大桥区农协组织委员、党支部委员、修水二区区委组织委员等职,1929 年 4 月被国民党靖卫团杀害。樊万祥同志任修水二区区委组织委员期间,为了秘密发展党员制作了这面党旗,但因为当时文化水平有限,在仿写中国

共产党英文缩写时将"CCP"误写为"GGP"。樊万祥平时将它藏在阁楼的一个破纸盒内,他牺牲后由其继子樊阶堂保存。1977年樊阶堂将它捐献给秋收起义修水纪念馆收藏。

该文物是修水县发现的建党初期的第一面党旗,对于研究第二次国内革命战争时期党的建设乃至湘鄂赣革命根据地的党的建设有重大价值,非常珍贵,1994年4月经国家文物局专家鉴定为国家一级文物。

红色文物

1928年修水三区三乡党支部公章

修文志

1928年修水县三区三乡党支部圆形梨花木印章,直径3.7厘米,厚1.2厘米,重7克。印章刻有党的镰刀斧头标志,围绕镰刀斧头环行书有"修水第三区第三乡""分支部"。印章上遗留的朱砂红仍清晰可见。

该文物现在表面变黑,手柄缺失。它为研究修水苏区党的建设提供了实物证明,非常珍贵。

1977年7月3日,从修水县陈正元处征集。2004年9月1日,经专家组鉴定为国家三级文物,现藏于秋收起义修水纪念馆。

革命烈士樊孝龙夫妇血染的婚姻证

朱正平

这是一张普通得不能再普通的婚姻证,说其普通,因为它既没有包装婚姻证用的那种象征喜庆鲜红的精美小盒,更没有在婚姻证上贴有相恋相依的新人倩影,而只是一张宽约 5 厘米、长 20 厘米且纸质粗糙又早已发黄的普通土纸。但这又是一张极其特殊的婚姻证,在这张婚姻证上,鲜明地盖有"中华苏维埃共和国中央政府内务部"字样,代表那个特殊年代称谓的政府名称,并加盖了内务部骑缝公章,以证明这是履行了法律手续结为合法夫妻的婚姻证。说其特殊,还体现在这是一张被烈士鲜血染红的婚姻证。当年他们的介绍人竟是 1956 年由中央军委授予少将军衔,后任原成都军区参谋长的扶庭修将军。发证时间是长征结束不久,党中央由保安迁到延安的 1937 年 2 月 26 日。

该证是 1940 年 12 月 13 日晚国民党反动派暗杀樊孝龙同志时,从他的大衣中搜去此证,以欲加之罪签上"此证作樊恶之证"的字样,存于民国档案中。此证后于修史编志时被发现。

1940 年 12 月,亲自指挥和策划这场惨案的国民党修水县党部驻渣津"肃奸"工作员胡振舆写了一份这样不打自招的报告:"捕缉异党经过及处理情形报告""……13 日亲自化装至河坪桥侦察,并派人跟踪监视行动。本日晚率队丁 4 名,本党党员樊昆生等 3 名,身着便装,假土匪方式,将其捆绑带到屋后大山谷枪毙。樊昆生从樊孝林(龙)的大衣中搜出结婚证一本……"还在报告上签上"此证作樊恶之证"的字样。这张婚姻证记载了樊孝龙与张玉英同国民党反动派斗争的血色历史。

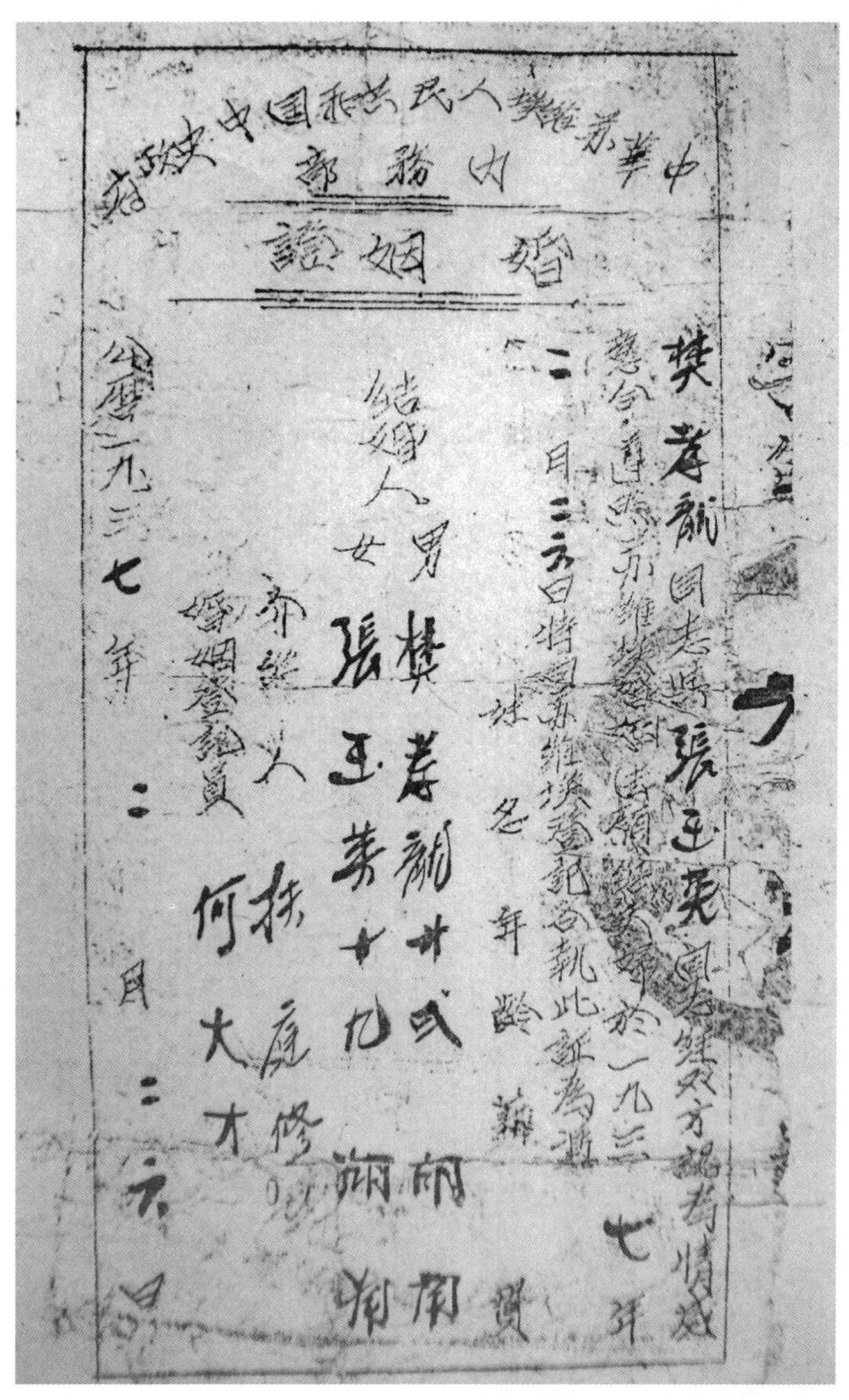

1938年陆军新编第四军出征将士家属优待请求书

修文志

1938年陆军新编第四军出征将士家属优待请求书,为六页小册子,有前后封面两页,封面上中间竖书"本军出征将士家属优待请求书",左边竖书"陆军新编第四军政治司令部印"。封面右边还用毛笔书"宜春""丁宗考"。内页共四张,其中前两小页和封面大小一样,横长13厘米,纵长9.5厘米,内容为优待抗敌军人家属办法十六条。第三页为大页,横长17.8厘米,纵长26.5厘米,内容是写给陆军新编第四军政治司令部关于证明丁宗考在陆军新编第四军服务的公函。第四页横长23.5厘米,纵长26.5厘米,内容为出征抗敌军人家属救济请求书的表格,表格主要有姓名、年龄、籍贯、现住地、请求人与官士兵之关系等内容,里面用毛笔填写了关于申请人丁宗考的情况。

该文物内容有缺失,折痕明显。封面右上角有长、宽约为2厘米的破损,第四页右侧有8厘米撕裂口。

1977年8月6日,从修水马坳公社甘为贤处征集。2004年9月1日,经专家组鉴定为国家三级文物,现藏于秋收起义修水纪念馆。